中国农村社会保障制度建设研究丛书

生态脆弱区
社会养老保险体系研究

STUDY ON SOCIAL ENDOWMENT INSURANCE SYSTEM
IN ECOIOGICAL FRAGILE AREAS

王振军/著

中国财经出版传媒集团

经济科学出版社
Economic Science Press

图书在版编目（CIP）数据

生态脆弱区社会养老保险体系研究/王振军著．
—北京：经济科学出版社，2017.11
（中国农村社会保障制度建设研究丛书）
ISBN 978 – 7 – 5141 – 8788 – 5

Ⅰ．①生…　Ⅱ．①王…　Ⅲ．①社会养老保险 –
研究 – 甘肃　Ⅳ．①F842.742

中国版本图书馆 CIP 数据核字（2017）第 299326 号

责任编辑：杜　鹏　张　力
责任校对：隗立娜
责任印制：邱　天

生态脆弱区社会养老保险体系研究
王振军/著

经济科学出版社出版、发行　新华书店经销
社址：北京市海淀区阜成路甲 28 号　邮编：100142
总编部电话：010 – 88191217　发行部电话：010 – 88191522
网址：www. esp. com. cn
电子邮箱：esp_bj@ 163. com
天猫网店：经济科学出版社旗舰店
网址：http：//jjkxcbs. tmall. com
北京季蜂印刷有限公司印装
880 × 1230　32 开　6.875 印张　200000 字
2017 年 11 月第 1 版　2017 年 11 月第 1 次印刷
ISBN 978 – 7 – 5141 – 8788 – 5　定价：39.00 元
（图书出现印装问题，本社负责调换。电话：010 – 88191510）
（版权所有　侵权必究　举报电话：010 – 88191586
电子邮箱：dbts@esp. com. cn）

本书出版得到兰州财经大学教授副教授专项科研经费项目、甘肃省人文社科重点研究基地——兰州财经大学甘肃经济发展数量分析研究中心、甘肃省人文社科重点研究基地——兰州财经大学中国西北金融研究中心及甘肃省软科学计划项目"新形势下甘肃社会养老保险体系研究"等项目的经费资助

前　　言

　　社会养老保险城乡分割是在二元经济结构下产生，随着农村社会养老保险政府财政责任缺失而逐渐强化的。当前我国的二元经济结构转换和工业反哺农业时机成熟，社会养老保险城乡统筹成为促进社会经济持续发展的本质要求。且中国社会养老保险体系已经完成了统账结合制度模式统一，养老保险城乡分割主要体现为城乡养老保险缴费与给付水平差距，养老保险城乡统筹的关键在于"量"的统一，在城乡经济发展水平存在差距条件下，养老保险城乡统筹要实现"相对量"的一致性和社会养老服务体系的健全。

　　尽管从全国范围来看，工业反哺农业已进入深度发展阶段，但由于我国地区经济发展不平衡，中西部地区尤其是西部地区经济发展欠发达，生态环境复杂多样且极其脆弱，一些生态脆弱地区的农村为了生计的需要采取竭泽而渔的方式对生态环境进行破坏。鉴于西部地区生态环境在我国生态环境的地位极其重要，为了维护全国生态环境的良性循环，必须加强我国西部地区生态环境的保护。因此，采取适宜的第二次收入分配方式对我国生态脆弱地区的城乡居民进行收入补偿，能够有效地解决生态脆弱地区人们为了生计而对生态环境的破坏。社会养老保险及服务体系作为第二次收入分配的重要组成部分，不仅能够解决城乡居民因年老失去劳动能力的收入中断问题，使老年人能够老有所养，同时也有利于社会稳定，促进社会经济可持续发展。甘肃省由于地处我国青藏高原区、蒙古高原区和黄土高原区的三大交汇地带，是典型的经济欠发达省份。因此，它在研究我国西部地区生态脆弱区和欠发达地区的社会养老保险体系中具有天然的地域优势。本书选取甘肃省对适龄生育人口生育意愿、退休人口适宜年龄、社会养老保险一体化设计、社会养老保险适度支出水平和社会养老保险服务体系建设等就生态脆弱区的社会养老保险体系进行研究。

与我国其他省份同样，甘肃省也针对不同人群建立了相应的社会养老保险制度，实现了社会养老保险"面的拓展"。但这种针对不同人群而建立的"大一统"的社会养老保险制度，不仅有违社会养老保险的公平化原则，还加深了社会养老保险的"碎片化"程度。与此同时，与甘肃的社会养老保险制度相比，其社会养老服务体系尤为滞后。为此，本书从当前甘肃各种社会养老保险制度及养老服务体系在运行过程中存在的问题着手，在探索社会养老保险理论源泉和汇总前人社会养老保险研究成果的基础上，构建了甘肃社会养老保险体系研究思路框架。主要解决了下述三个问题：一是从城乡统筹的视角构建针对全体社会成员的社会养老保险制度，并根据甘肃的财政收支状况和居民收入水平就一体化社会养老保险制度的筹资渠道、筹资比例、待遇按标准等进行设计；二立足于甘肃省情，充分整合甘肃的行政、社会、家庭等各种资源，创新养老服务模式，逐步建立起与甘肃省经济社会发展水平相适应、以居家养老为主、社会养老为辅的多元化、多层次的城乡一体化养老服务体系；三是在构建甘肃城乡一体化社会养老保险的基础上，建立相关计量模型就其适度支出水平进行研究，厘定出甘肃在未来一定时间内社会养老保险的适度支出水平。

本书以甘肃省不同生态类型区域城乡居民对社会养老保险及服务的需求为主线，按照地理位置和生态类型的不同，将甘肃省划分为甘南高原区、河西地区、黄土高原区、陇南山地区四大类研究区域。鉴于不同气候类型区生态环境和社会经济的发展水平存在着较大差异，而在同一气候区的社会经济发展水平和人们的收入水平差异相对较小，因而本书把甘肃省划分为上述四大气候类型区域的基础上展开。在每个生态类型区选取几个市县区：在黄土高原区选取临夏县、榆中县、秦安县、泾川县和宁县，在陇南山地区选取漳县、武都区和成县，在甘南高原区选取合作市、玛曲县和夏河县，在河西地区选取敦煌市、金塔县、山丹县、凉州区，以这 15 个市县区作为甘肃社会养老保险体系中适龄人口生育意愿和社会养老服务需求问卷调查的代表地区。最后在每个市县区选取一个乡镇，在每个乡镇选取三个自然村组，在每个村组选取具有适宜年龄的人口家庭进行问卷调查，通过大量问卷调查获取第一手资料。本书采用条件评价法设计调查问卷，就影响城乡适龄人口生育意愿的主要因素与城乡居民对社会养老保险的服务方式、服务项目等需求根据调查问卷进行分析。在此基础上，根据甘肃省历年相关的统计数据资料就甘肃省城乡居民的退休年龄、社会养老保险一体化和社会养老保险适度支出水平进行研究。并根据研究结论得出相关结论及政策建议，以利于甘肃省及我国生态脆弱区社会养老保险及服务的可持续发展。

　　本书采取规范分析和实证分析相结合的研究方法。规范分析主要用于退休年龄延迟设计、社会养老保险制度的设计和养老服务体系的构建。实证分析主要为依据问卷调查、知情人访谈、实地调查等方式获取的数据资料和甘肃省历年相关统计数据资料社会养老保险的筹资渠道、筹资比例、待遇标准，并根据甘肃的社会经济发展水平建立相关计量模型就其适龄人口生育意愿、社会养老保险的适度支出水平和社会养老保险服务需求意愿等进行分析。全书的写作遵循理论与实践结合的方法，寻求逻辑体系上的完整性、严密性。

　　本书具体框架结构为：第 1 章"总论"，将介绍研究的背景、研究目的和意义、现有研究进展及研究思路与创新；第 2 章"社会养老保险的理论分析及研究框架构建",通过对社会养老保险及服务体系理论渊源的考察,构建社会养老保险及服务体系的研究框架;第3章"区域概况与实证研究内容",以甘肃省作为研究区域,并根据甘肃的实际情况就新时代背景下甘肃省的社会养老保险及服务体系建设等构建了相应的研究框架;第4、第5、第6、第7、第8章具体针对适龄人口生育意愿、适宜的退休年龄、社会养老保险的一体化设计、社会养老保险的适度支出水平和社会养老保险服务体系建设等在构建相应计量模型的基础上进行研究分析;第9章总结全文的研究结论及提出相应的政策建议和对策措施。全书有王振军教授统稿、审定和总纂。硕士研究生沈琳浩、马菲莉、张晓旭和蒋洁也做了许多具体工作,帮助查阅了大量的资料,并校正了书中诸多文字和语法错误,对他们的帮助笔者致以由衷感谢。本书的责任编辑经济科学出版社的杜鹏编审,对书稿字斟句酌,认真修改把关,为本书大为增色,正是由于他所付出的十分艰辛的劳动,使本书能够顺利出版,笔者谨此致以深切感谢。

王振军

2017 年 9 月 27 日

于兰州财经大学

目　　录

第 1 章

导　论

1.1　选题背景与意义

1.1.1　选题背景

（1）目前我国经济发展的水平。

市场化的经济体制改革使我国的国民经济获得了突飞猛进的发展，1978~2016年，我国GDP以年均实际9.7%的速度高速增长，截至2016年年底，GDP总值已达74.41万亿元（按照现行和官方汇率计算，折合美元为11.46万亿）。与此同时我国的社会经济结构也显示出一系列新的特征：①人均GDP超过8000美元，进入中高收入国家行列。2016年我国人均GDP达到8260美元，相当于中等收入国家水平，东部沿海许多省市已经超过10000美元，个别市甚至达20000美元。②国家财政收入保持快速增长，财政支配能力不断增强。自2003年以来，国家财政收入以超过20%的速度增长，远远高于同期GDP的增长速度，从而使国家财政实力不断增强，2016 年财政收入达 15.96 万亿元。③农业在 GDP 中的份额下降，第二、第三产业所占 GDP 比重占主导地位。自 1991 年以来，农业在 GDP 中所占的比重呈逐年下降趋势，截至 2016 年底，农业在 GDP 的份额只占 8.6%，26 年间下降了 15.7%，第二、第三产业在整个国民经济中占 91.4%。④非农产业就业持续增长，农业就业比重发生转折性变化。1997 年我国农业就业比重首次低于 50%，2016 年达 63.6%，表明了我国就业结构发生了转折性变化，标志着非农产业取代农业成为就业的主体。⑤城镇化进程不断加快推进，城镇人口所占比重大幅提高。我国城镇人口占总人口的比重已从 1978 年的 17.9% 上升到 2016 年的 57.4%，特别是自 1998 年以来，城镇人口占总人口的比重以年均 1.4% 的速度增长，表明我国城镇化已经进入加速增长时期，城市经济的加速发展和城镇人口比重的大幅度提高显示我国以城市化和城市经济带动农业和农村经济发展的时代已经到来。⑥工业制成品出口比重大幅度提高，工业竞争能力不断增强。1978～2016 年，工业制成品出口占总出口额的比例从 49.9% 上升到 92%，工业制成品出口的大幅上升表明我国工业产品的竞争能力得到提高，工业化的继续推进对初级农产品的依赖已大大减弱。以上分析可以看出，我国已经越过了工业化的初期阶段，进入工业化中期阶段。

国际经验证明，当一个国家处在工业化初期阶段时，通常以牺牲农业来支援工业的加速发展，当进入工业化中期阶段时，工业自身的发展能力增强，工业化的继续推进对农业的依赖大大减弱，并逐步以工业反哺农业，实现工农业的持续稳定协调发展，进入工业化的后期阶段，由于工业的发展能力大大增强，工业对农业的扶持也从协调发展期步入大规模反哺期。随着我国国民经济发展进入工业反哺农业阶段，近年来国家也对国民经济和社会发展的相关政策进行了调整。主要表现为对农民实行"两免、三补"（即免征农业税、取消农业特产税和两税附加，实行粮食直补、良种补贴和链轨式拖拉机修复补贴），增加对农业和农村公共产品的财政投入。国际经验也同时证明，当一个国家的国民经济从农业哺育工业转变为工业反哺农业时，即是国民经济结构快速转换的时期，也是一个容易忽视"三农"问题的时期，还是一个导致各种矛盾凸显的时期。在这个特殊时期，如果不能有效的处理好"三农"问题，农民在工业化进程中被"边缘化"，不仅会影响到社会经济结构的转型，甚至会影响到整个社会经济的持续、稳定和协调发展。

（2）"三农"问题突出。

我国是一个拥有7亿多农村人口的农业大国。由于正处于重大社会变革的时期，各种社会矛盾相当突出。尤其是"三农"问题，已经变成了制约中国社会经济可持续发展的"瓶颈"因素。"三农"问题的基础是农业发展问题，核心是农民贫困问题，难点是农村社会问题。农业由于受到自然资源环境条件和经营规模的双重限制，又有难以抗御的自然和生产风险。如果农业发展不起来，那么以农业生产为主要收入的农民就难以摆脱贫困。

就农业生产来讲，贫困地区传统农业所占比例很大，农业经济结构也比较单一，主要表现在以种植业为主，农业产业化程度相当低。由于干旱少雨、山高沟深、土壤贫瘠再加上缺乏有效的灌溉水资源，单位面积农产品的产出极其低下，一些地区亩产粮食只有几十公斤。与此同时，各种自然灾害又屡屡再现，恶劣的自然环境条件和有限的自然资源拥有量使农村居民依靠农业生产发展来摆脱贫困的难度很大。就生产方式来说，由于受到各种主观和客观因素的限制，许多贫困山区的农村居民还处在"二牛抬杠"的初级农业阶段。在一些陡峭山地还进行人力种植。化肥和机械的使用相当少，农业生产几乎没有技术含量。并且由于思想观念落后，农民对农业生产技术也没有什么要求，粮食、蔬菜和大部分农业生产资料都是自产自给。从整体来看，贫困山区的农村还处于自给自足的自然经济时代，就更谈不上农业产业化了。由于农村集体经济十分薄弱，非农产业发展相对迟缓且结构相当单调，乡镇企业大多以农产品的初级加工业和建筑业为主，且基础也是相当薄弱的，大多数是手工作坊形式。因此就根本谈不上强有力的产业支持和带动。贫困山区农村普遍存在着产业结构层次低下的问题。贫困地区农村社会经济的这种境况，一方面限制了农村社会的分工发育；另一方面也使农民难以获得较高的收入。

"三农"问题的关键问题是农民贫困问题。这是由农村封闭和半封闭的自然经济导致的。而这种农村经济的发展水平也是由各种原因引起的，其中农村社会化程度低是最重要的因素。在贫困的牧农区，农村人口的居住极其分散，再加上交通和通信手段又极其落后，居住分散加上缺乏有效的通信工具再一次强化了牧农区农村人口居住的分散化。农村人口居住的分散化使农村城镇化工作难以进行，如果要加快农村的城镇化进程，其代价也是相当高昂的。农村城镇化进程的缓慢使农牧地区的社会分工水平低下，社会分工水平低造成了农村市场经济发育的缓慢和低下。反过来，农村市场经济的发育迟缓强化了贫困农村地区自给自足的自然经济，从另外一个层面上又加强了贫困农村的社会经济形态。这些地区的农村经济状态和欠发达的社会分工水平，一方面使传统农业的生产方式难以突破；另一方面也使传统农业经济结构的调整困难重重。由于以交通和通信手段落后为特征的自给自足的自然经济，极大地限制了农业生产和农村市场经济的发育。农村经济的封闭造成农村文化的封闭，导致农民缺乏发展经济的思维意识，使人际关系和信息交流封闭在极其狭小的地域内，也强化了贫困地区农村经济的封闭。贫困地区农村人口居住的分散化造成农村经济和思维意识的封闭，缺乏有效的沟通方式和联系渠道，从而导致贫困地区农民在同一活动的狭小区域内使用几乎一样的农业生产方式，限制了贫困地区农业生产方式的转变。他们采用基本相同的思维方式和生活状况，思维方式缺乏有效的改变也就自然的反映到文化层面上，从而造成了一定程度的恶性循环。即封闭的自然经济导致文化教育的落后，而文化教育的落后必然导致低素质的农村劳动力，农村贫困、教育落后和低素质劳动力必然造成过度的人口增长。而人口的过度增长必然导致农村自然资源的承载力超载，致使人们采取"竭泽而渔"式的掠夺性开发。加速破坏生态环境，使贫困农村地区的生态环境面临着崩溃的境遇。

"三农"问题既是农村经济问题，也是农村政治问题，同时还是农村社会问题。而我国"三农"问题突出的主要根源还是因为缺乏有效的农村社会保障制度。由于农民面临的风险很多，既有农业生产风险，还有人身风险、市场风险等其他风险，甚至还存在着相当严重的农村信用风险。化解各种风险，增强农民抵抗各种农村风险的能力则是解决我国"三农"问题的根本，这就要求我国的农村地区必须建立健全农村社会风险管理机制。建立农村社会保障制度必须被提上议事日程来解决我国日益突出的"三农"问题。农村社会保障制度是农村社会发展到一定程度的产物，健全的农村社会保障制度是农村整个社会经济发展基本保证，也是一个国家文明进步程度的灯塔性指标。虽然农村社会保障体系应该是一个国家特别是发展中国家社会保障体系的主要组成部分。可几十年来，我国农村除了保障水平极低的农村社会救济和农村社会优抚等制度外，体现农村社会保障主要原则即公平原则的保障制度一直没有建立起来，一些贫困地区的农村社会保障至今还处于一片空白的状况，这进一步加剧了中国"三农"问题的恶化。突出表现在农村居民对农村社会保障的认识严重不足和制度性严重缺失。也可以这样说，中国农村社会保障的缺失既是我国"三农"问题突出的综合体现。也是我国农村"三农"问题得不到解决的根本原因。由于看病、养老和生存对我国贫困地区的农民来说已成了难以解决的问题。一些经济状况较好的地区虽然试行新型农村社会养老保险的试点工作，但是效果很不理想，绝大部分农村居民的养老还是依靠家庭和土地。

（3）全面建设小康社会、和谐社会和社会主义新农村。

自从党的十六大以来，中央政府做出了一系列关于农村社会经济发展的主要决策。首先是统筹城乡社会经济发展和全面建设农村小康社会。党的十六大报告指出，统筹城乡发展，建设现代化的农业，发展农村地区的经济，增加农村居民的收入水平，是全面建设农村小康社会的主要任务。在2003年年初举行的中央农村工作会议上提出，实现全面建设农村小康社会的伟大目标，最艰巨的任务在农村，没有农村居民的小康就没有全国的小康，没有农业产业的现代化就没有国家整个经济的现代化。并指出，我国全面建设农村小康社会，重点和难点都在农村地区，没有农村地区的全面小康，就不可能有整个国家的全面小康。2004年以来，又提出并逐渐地丰富了我国"和谐社会"的基本内涵。2005年2月19日，在省部级主要领导干部学习班上，中共中央总书记胡锦涛首次全面阐述了"民主法治、公平正义、诚信友爱、充满活力、安定有序、人与自然和谐相处"的"和谐社会"的内涵。中共十六届五中全会又提出了按照"生产发展、生活宽裕、乡风文明、村容整洁、管理民主"的要求建设社会主义新农村的目标，并于2006年1月21日以中央"一号文件"的形式发布了《中共中央、国务院关于建设社会主义新农村的若干意见》。不管是全面建设农村小康社会、和谐社会构建还是新农村建设，都是针对"三农"问题做出的重要决策。而无论是全面建设农村小康社会、和谐社会构建还是社会主义新农村建设，其社会的、经济的主要发展指标都与农村社会保障息息相关。

（4）生态环境持续恶化。

目前，人口增长、资源枯竭和环境破坏是人类面临的三大难题。自然资源的日益枯竭和生态环境的不断恶化已越来越受到人类的关注，如何合理地利用日益枯竭的自然资源和保护已遭破坏的生态环境，既是一个国家社会经济发展的基本内容，也是履行像《21 世纪议程》等相关国际公约的现实选择。随着全球气候逐渐变暖、人口急剧增长和不可再生资源的日益枯竭等因素深刻地改变着人类生存的生态环境。由于人类涸泽而渔的生产方式，使自然资源的枯竭日益加剧，生态环境的破坏也极其严重，已处于崩溃的边缘。

由于生态环境和人类的生存息息相关，生态环境的好坏直接关系到整个人类社会经济的可持续发展。因此，生态环境的崩溃将给人类的生活生产带来难以估量的损失，关系整个人类社会的直接存亡。与此同时，由于所处的地理位置，我国的生态环境极度脆弱，边治理边破坏的情况相当突出，导致我国生态环境恶化的趋势不仅没有得到有效的遏制，并且形势越来越严峻。这主要表现在以下几个方面。

第一，土地荒漠化持续进行。截至 1999 年年底，我国的土地荒漠化面积已达 267.4 万平方公里，超过我国总土地面积的 27.9% 以上。和 1994 年的监测数据对比，土地荒漠化呈不断加剧的扩展状态。1994 ~ 1999 年，5 年土地荒漠化面积高达 5.10 万平方公里，年均净增土地荒漠化面积超过 1.02 万平方公里，相当于我国一个中等面积县份的土地被荒漠化。由于我国有超过 100 个国家级贫困县位于荒漠化极其严重的地区。全国人口中受荒漠化危害的人口已高达 4 亿人,约占全国总人口的 1/3(国家林业局防治荒漠化监测中心,2000)。土地荒漠化造成的直接后果就是我国近 1 亿公顷草场被严重的退化,一些退化严重的草场其载畜量已不足没有被危害时的 1/3。特大沙尘暴在最近 20 年来持续发作,在 20 世纪 60 年代我国仅发生了 8 次较大规模的沙尘暴,70 年代出现了 13 次较高强度的沙尘暴,到 80 年代出现了 14 次较大规模的沙尘暴,1990~1999 年大规模的沙尘暴突然增加到 23 次,并且覆盖范围越来越广,所造成的损失也越来越严重(李瑞环,1999)。特别最近几年,大规模的沙尘暴发作了连续 20 多起,对我国西北和华北地区广大人民的生产和生活造成了难以估量的损失,一些特大规模的沙尘暴已跨约国界,直接延伸到东南亚的各个国家和地区。残酷的现实警告人们,如果不采取有效的措施来遏制日益严重的沙漠化,人类极其有限的生存空间将被荒漠化侵占。

第二,水土流失的危害相当严重。1999 年,水土流失的面积已接近 367 万平方公里,占我国国土面积的比例接近 40%。特别是近 10 年以来,很多地区尤其是一些生态环境脆弱的地区,水土流失的面积、土壤侵蚀的强度和对人们生活的危害程度逐渐呈现加剧的态势,据全国土地资源调查成果(1999),我国年均新增水土流失的面积逾 1 万平方公里。其中 25°以上的坡耕地就占近 60%,其中有 3/4 左右的集中于西部生态环境脆弱的地区。由于黄河和长江两大流域中上游地区乱耕滥发,已使该地区成为我国水土流失最厉害的地区。流入长江、黄河两河的泥沙总量年均超过 20 多亿吨,绝大多数来自坡耕地。由于四川、重庆两地地形复杂,地貌支离破碎,流入长江的泥沙年均高达 5.33 亿吨;陕西流入黄河的泥沙量也相当可观,年均达 5 亿吨以上。另外,黄土高原、云贵高原和蒙古高原的一些省(自治区)的水土流失也相当严重。

第三，生物多样性急剧下降，退化严重。由于森林资源减少、草地资源严重退化和生态环境环境持续恶化，使得野生动物栖息地不断的缩小，其生存的空间也遭受到严重的破坏，动植物种类和数量日益减少。

由于生态环境的持续恶化，加剧了自然灾害的发作频度，导致了贫困程度的加深，给国民经济和社会发展造成了极其严重的危害，从根本上制约了整个社会、经济和生态的可持续发展。1950～1989 年近 40 年期间，我国年均洪涝面积超过 800 万公顷，干旱面积越加严重，超过 2000 万公顷，可 20 世纪 90 年代我国的年均洪涝面积突然增加，高达 1667 万公顷，干旱面积也随之增加到 2300 万公顷（李瑞环，1999）。导致我国每年因各种自然灾害频繁发作而造成的直接经济损失超过 2000 亿元，我国农作物的受灾面积也在 2000 万～4000 万公顷之间波动，且受灾程度逐步加剧，年均减产粮食高达 200 亿公斤（国家自然灾害防治中心，2000）。而陡坡地耕种、毁林开垦则是造成水土流失和生态恶化的罪魁祸首。由于人口增加的持续进行，长江、黄河两大流域中上游地区进行毁林毁草、开垦种粮的现象相当严重，进一步的恶化了当地本已相当严重的生态环境恶化。尽管略微增加了一些粮食，但与在生态环境方面造成的严重破坏相比，显得相当微不足道。

由于自然生态环境的恶化在越是贫困的地区越为严重，这些贫困地区的产业往往以劳动密集型和资源密集型等为主，并且这些地区生态环境的破坏对我国整个国民经济的可持续发展影响表现得尤为突出。例如，在我国的整个生态环境中，西部地区的生态环境破坏最为严重、生态环境也最为脆弱，国家级贫困县的数量占我国国家级贫困县数量的 76%。并且这些贫困地区的主要产业还是种植业和畜牧业，由于这两种生产对自然条件的依赖相当严重，由于贫困，必然招致采取涸泽而渔式掠夺性开发以此来满足他们生存的需要。而过度的超载放牧和开荒种植肯定将加速生态环境的破坏。贫困地区生态环境的恶化，将肯定对农业生产产生一定的负面影响，使其脱贫难上加难。同时，由于生态环境的脆弱，遭遇灾害的概率很大，即使一些人脱了贫，也由于收入低且不稳定，极易返贫。生态环境极度恶化再加上生产力极其低下，既是这些贫困地区致贫的主要因素，也是这些地区贫困人口脱贫后重新返贫的现实根源。环境的恶化将对农业生产力的提高产生一定的制约，生产力低下形成的贫困将诱发产生许多从事自然环境恶化的不当行为，进一步制约了农业生产力的发展和提高，使得贫困地区的人们更加贫困，维持起码的生存条件对他们来说似乎成了一个奢望。因此，贫困和自然生态环境恶化就表现出一定的因果关系。不对这样的恶性循环加以矫正，就难以发展贫困地区的农村社会生产力，更无法保护和改善该地区的极度脆弱的自然生态环境。要实现这种恶性循环的突破，不借助整个社会的力量是难以取得一定的效果的。因此，除了采取一定的措施进行生态移民等外，还要根据各个地区的现实状况因地制宜地建立起社会保障制度，使他们在生活困难时不因生计问题而对自然资源采取"竭泽而渔"的掠夺式开发，破坏本已极其脆弱的生态环境。这样不仅能够有效解决这些地区人们的生活贫困，也可以缓解这些地区不断恶化的生态环境，进而实现整个社会经济的持续、稳定和协调发展。

1.1.2　研究目的和意义

目前，我国已经初步建立了城镇职工基本养老保险制度、机关事业单位养老保险制度和城乡居民养老保险制度三种覆盖全体在职劳动者的"大一统"的社会养老保险体系，实现了养老保险制度发展初期的"扩面"目标。而在实现养老保险制度"扩面"阶段基本目标的同时，城乡养老保险制度二元分割所导致的阻碍城镇化进程、养老保险城乡对接等问题逐渐凸显。所以在已经建立覆盖城乡的养老保险体系的现实背景下，养老保险制度发展要更加关注内部结构均衡。党的十八届三中全会提出"推动城乡公共服务均等化，健全城乡发展一体化机制"。养老保险城乡统筹是城乡公共服务均等化和城乡一体化发展的重要环节，破解城乡养老保险如何由"碎片化"制度模式向一元化制度模式转化的问题，是实现养老保险城乡统筹的关键。目前，城镇职工养老保险、机关事业单位工作人员和城乡居民养老保险制度设定了差别化的缴费模式：城镇职工基本养老保险单位缴费率为20%，个体缴费率为8%；城乡居民社会养老保险由个人缴费为主体，分档选择缴费，集体补助、政府为辅；机关事业单位人员单位缴费率为20%，个人缴费率为8%。除此之外还有单位和个人缴纳的8%和4%的职业年金。不同人群社会养老保险差别化缴费率虽然在一定程度上促进了养老保险覆盖率提高，但缴费水平差异直接导致了城乡养老保险制度分割，造成劳动力城乡迁移过程中养老福利损失。如何打破现行城乡养老保险制度"碎片化"缴费模式，建立城乡缴费一元化的养老保险制度直接决定了养老保险城乡统筹目标能否实现。养老保险多元化缴费模式向一元化缴费模式转变是未来养老保障制度发展的关键。城乡养老保险缴费一元化面临两大问题：一是城乡居民养老保险制度如何定型。现行城乡居民社会养老保险"普惠制"模式具有福利性质，不能作为长期制度安排，未来随着城乡二元经济结构逐渐消失和城乡居民缴费能力提高，城乡居民养老保险制度缴费模式需要向城镇养老保险缴费模式转变。二是如何确定城乡养老保险一元化缴费水平，实现养老保险制度可持续发展。随着人口老龄化程度日益加深，养老缴费负担将持续增加，现行城镇企业职工基本养老保险 20% 的单位缴费率将导致养老保险企业负担难以承受，需要根据养老保险人口结构和养老保险收支均衡原则，确定适度缴费水平，并以缴费适度水平为根本依据，进一步确定城乡社会养老保险一体化缴费率。本研究为养老保险缴费水平调整、城乡养老保险一元化水平及路轻提供了理论依据及现实标准，提出缴费率与缴费基数联动调整的一元化实现路径，具有重要的理论意义和应用价值。

养老保险制度城乡分割是在二元经济结构下产生，对传统路径依赖过程中发展形成的养老保障制度安排。随着二元经济结构逐渐消失，城乡分割的养老保险制度需要向城乡养老保险一元化调整，城乡养老保险制度改革需要一元化视角进行顶层设计，促进养老保险制度可持续发展。如何确定城乡养老保险统一元化水平是养老保险城乡统筹的关键问题。

养老保险城乡统筹是在二元经济结构逐渐消减背景下进行的养老保险制度顶层设计，其具体实施涉及统筹标准、统筹路径及其与经济发展阶段联动关系等多方面理论与现实问题。城乡养老保险缴费率一元化研究为养老保险城乡统筹一体化发展提供了新的理论视角和实现途径，具有重要的理论和现实意义。一是理论意义。城乡养老保险统筹是推进城乡一体化的关键，而如何定文并实现养老保险城乡统筹是关键所在。城乡养老保险缴费率一元化以养老保险给付适度水平为切入点，构建养老保险适度替代率总模型及分解模型，确定养老消费比、劳动生产要素分配系数与消费占 GDP 之比为核心的养老保险适度给付水平，进一步结合养老保险人口结构演变规律确定养老保险适度缴费率，根据适度缴费率设定合理一元化缴费率水平。城乡养老保险缴费率一元化为养老保险城乡统筹提供了新的理论视角，丰富了城乡统筹理论。二是现实意义。在养老保险城乡分割向城乡一体化发展过程中，面临着城乡养老保险如何定型、城乡养老保险水平如何调整及养老保险可持续性等一系列问题，这些问题能否解决关系到养老保险城乡统筹能否实现。城乡养老保险缴费率一元化研究能够确定养老保险给付和缴费适度水平，为城乡养老保险水平协调提供标准。同时，城乡养老保险缴费率一元化实现了城乡养老保险缴费与给付模式对接，能够实现养老保险制度定型。在养老保险制度定型的关键时期，城乡养老保险缴费率一元化是对养老保险顶层设计需求的现实回应，具有重要理论意义和社会价值。甘肃省地处我国青藏高原区、蒙古高原区和黄土高原区三大高原区的交汇地带，生态环境不仅复杂多样而且极其脆弱。与此同时，甘肃省社会经济欠发达，人们收入水平低下，个人和单位的缴费能力及政府的财政可支配能力都较弱。甘肃既能够代表我国青藏高原区、蒙古高原区和黄土高原区等生态环境脆弱区，也能够代表我国西部地区经济欠发达的省份。因此，本书选取甘肃省适龄生育人口生育意愿、退休人口适宜年龄、社会养老保险一体化设计、社会养老保险适度支出水平和社会养老保险服务体系建设等就生态脆弱区的社会养老保险体系进行研究，并根据研究结论提出相应的对策建议，以利于甘肃省及全国生态脆弱区社会养老保险体系的健全和可持续发展。

1.2 我国学者对社会养老保险的研究现状及评述

1.2.1 我国学者对社会养老保险的研究现状

（1）关于养老保险缴费的相关研究。

第一，关于养老保险最优缴费率的研究。柳清瑞等（2013）

根据世代交叠模型和福利最大化理论，测定城镇职工基拙养老保险最优缴费率约为15%，低于现行缴费水平。康传坤、楚天舒（2014）根据世代交叠模型测算了人口老龄化背景下的最优统筹缴费率，最优统筹缴费率范围在10.22%~19.04%，低于城镇企业职工基础养老保险现行20%的单位缴费率，城镇职工养老保险应适度降低缴费水平。彭浩然、陈斌开（2012）分析了养老保险缴费率与给付待遇之间的倒"U"形关系以及社会统筹养老保险缴费率的阀值，认为社会统筹养老保险缴费率为15.6%。封进和宋铮（2006）以中国人口老龄化结构和养老保险制度福利效应关系为视角，分析合适的现收现付养老保险制度对社会福利的影响，认为在高生育方案下的现收现付养老保险稳态税率在22%左右，低生育率方案下的现收现付养老保险稳态税率在25%左右。张金峰（2007）认为，在平均余命逐渐提高的人口条件下，个人账户合理缴费率也在动态变化，2000~2050年个人账户缴费率下限范围在5.06%~6.58%，缴费率上限范围在8.98%~12.0%。孙雅娜等（2010）从个人效用和社会福利最大化的角度出发确定企业最优缴费率为20.48%，个人账户最优缴费率为10.85%。上述学者从福利最大化以及适度承受能力角度出发，对养老保险基础养老保险和个人账户最优缴费率进行定量和定性分析。

第二，关于养老保险缴费主体的缴费能力研究。国内学者分别对企业、个体灵活就业人员和城乡居民养老保险缴费能力进行大量研究。边恕（2005，2007）以养老保险改革试点迁宁省为例，研究了企业养老保险的缴费能力，认为辽宁省国有工业企业能够承受的社会统筹缴费最高限度为28.3%，适度缴费限度为20.9%，企业承担养老、医疗、失业、生育、工伤保险总和费率为32.0%，处于超度状况。许志涛、丁少群（2014）对不同所有制企业缴费能力和缴费水平进行比较分析，认为现行企业社会统筹缴费率超出了集体所有制企业和私营企业的缴费能力，需要进行缴费率调整。叶宁（2013）对灵活就业人员缴费能力生命分析，认为即使按照上年度在岗职工平均工资 60% 进行缴费，绝大多数灵活就业人员也不具备缴费能力，这成为制约灵活人员参保的重要原因，需要适当降低缴费基数。王国辉（2011）研究了城镇中低收入家庭养老保险缴费压力，认为现行养老保险缴费超出了中低收入家庭承受范围，提出建立养老保险缴费的减免补偿机制。贺书霞（2012）分析得到农民养老保障最大缴费能力为农民人均纯收入的 17.29%，适度缴费能力为农村人均纯收入的 10.61%。

第三，关于养老保险缴费基数研究。张艳萍（2012）认为，我国城镇养老保险存在缴费基数偏小和缴费基数不实的问题，导致养老保险征缴收入减少，降低社会统筹养老保险支付能力，需要在统一并夯实缴费基数。黄阳涛（2013）分别测算了全国和 13 个省、自治区、直辖市实际缴费基数以及缴费基数比，认为在全国和各省均存在缴费基数不实问题，缴费基数比地区差异较大，东部地区缴费基数比的差异大于中西部地区。孙长久（2009）对社会保险缴费基数不平衡、缴费基数相对虚高、收入较低的职工难以承受高缴费基数等问题进行了分析，并提出从统计口径、核定标准、提高收入等方面平衡社会保险缴费基数。杜小敏（2008）认为核定标准不规范，不同统筹范围、统筹层次之间，标准不统一，造成企业瞒报职工缴费基数，企业间缴费负担不公平。席元香（2002）认为，未将二次分配给职工的岗位工资、奖金、津贴等纳入工资总额，造成职工工资实际收入总额与劳资统计的缴费台账工资存在较大的差异，形成缴费基数不实。

（2）关于养老保险一元化的研究。

第一，关于养老保险缴费率一元化研究。韩伟（2010）认为，企业和个体户、灵活就业人员社会统筹养老保险缴费率存在较大差异，不利于养老保险制度稳定运行，根据养老保险精算平衡，测定企业和个体户、灵活就业人员化会统筹养老保险的统一缴费率为 18%，并对调整路径进行了研究。张思锋、曹信邦（2014）提出将基础养老保险调整为国民年金的养老保险改革思路，在国民年金制度下，雇主按雇员工资总额 20% 缴费，并与财政补贴共同构成公共账户，个人按工资 8% 缴费计入个人账户。王晓军、乔杨（2013）提出"基础养老保险 + 职业年金"的公务员养老保险并轨改革思路，基础养老保险缴费由财政负担，职业年金缴费由财政和个人缴费分担，其中个人负担 8%，财政负担 8%。

第二，关于养老保险全国统筹一元化的研究。郑功成（2008）认为，现阶段我国养老保险统筹层次过低，导致养老保险缴费负担区域差异明显，不利于养老保险可持续发展，同时也阻碍劳动力在区域间自由流动，需要尽快推进养老保险全国统筹，实现缴费区域负担一元化。穆怀中、间林林、张文晓（2015）根据养老保险全国统筹方案收入再分配系数测算，提出以社会统筹养老保险 10% 替代率全国统筹一元化，20% 替代率省级统筹体现经济发展差异的养老保险全国统筹较优方案。郑秉文、孙永勇（2012）对中国各地区城镇基本养老保险收支状况进行分析，认为养老保险全国统筹是解决部分地区收不抵支问题的有效手段，同时提出企业和个人缴费全部计入个人账户的方式进行全国统筹。席恒（2009，2011）认为，目前我国具备进行养老保险全国统筹的政治、经济和财政条件，根据中央统筹比例差异，提出了几种养老保险全国统筹思路。林输铭（2013）分析了我国养老保险省级统筹发展历程，提出养老保险全国统筹的改革难点以及模式改革、基金预算改革和中央、地方责任分担等改革建议。

（3）关于养老保险城乡统筹的研究。

第一，关于养老保险城乡分割的研究。郑功成（2014）认为，社会保障制度城乡分割的推进方式损害了社会保障制度功能的全面发挥，如职工养老保险城乡分割导致农民工难以有效嵌入制度之中，社会保障制度需要由城乡分割向城乡一体化改革。王延中（2006）认为，养老保障制度城乡分割制约城镇化进程，在经济和社会转型期，养老保障制度城乡整合能够推进经济、社会改革顺利进行。吴红梅（2013）认为，养老保险制度碎片化和城乡分割是我国养老保险制度发展的瓶颈，提出以"整体性治理"视角进行养老保险制度整合。吴湘玲、叶汉雄（2005）认为，养老保障制度城乡分割阻碍养老资源的城乡调剂使用，削弱了养老保险保障功能，提出通过建立农村养老保险制度促进实现全民性的基本养老保险制度。国内学者普遍认为，城乡分割养老保险制度负面效应持续发酵，需要进行城乡统筹的一体化改革。在此同时，部分学者提出相反观点，认为统一的养老保险制度不利于经济发展或者需要结合经济发展现状和养老需求谨慎推进。如陈平（2002）认为，缺乏统一的、平衡的社会保障制度是推动我国经济高速增长的重要原因，社会保障水平提升将提高劳动力成本和社会负担，应继续发扬家庭、社区和民营保险机构的保障功能，而非建立集中低效的统一社会保障体系。何平、华迎放（2007）提出农民工社会保障建设要农民工需求为导向，首先解决工伤保险和大病保险问题，养老保险制度建设可逐步解决。宋斌文（2003）提出"相机决策"的观点，认为养老保险制度整合要分阶段有步骤地推进，应该先实现城镇职工养老保险和农民工养老保险整合，在此之后逐步建立农民养老保险制度以及其他相关制度。

第二，关于养老保险城乡统筹模式研究。穆怀中、陈犠

（2014）认为，养老保险适度水平是判断养老保险城乡协调的根本依据，提出城乡养老保险向适度水平调整，实现城乡养老保险相对水平的一致性，从而实现养老保险城乡统筹。卢海元（2009）提出建立全国统一、城乡统一的新型养老保险制度，新型养老保险制度采用基础养老保险和个人账户相结合模式，基础养老保险采用普惠制养老金形式，个人账户采用完全积累制。吴湘玲（2005）主张全民基本养老保险制度应采取现收现付的筹资模式，基础养老金资金一般来源于支付，从而保障所有的老年群体都能获得相等的最低生活保障养老金，消除养老保障城乡分割。丁建定、张尧（2014）在对养老保险城乡统筹有利条件、基本原则进行分析基础上，提出"小步渐进"式的养老保险城乡统筹思路，并对统筹过程中转移接续、政府财政责任等问题进行了分析。侯慧丽（2013）以北京市为例分析养老保险城乡分割和地区分割问题，认为以地方政府为主导的养老保险统筹能够有效地缩小城乡养老福利差距。

第三，关于养老保险城乡统筹阶段研究。童广印、薛兴利（2009）分析了统筹城乡养老保险的政治、经济和政策条件，提出统筹城乡养老保险两阶段路径，在2008～2015年城乡养老保险由城乡分割向"制度统一、标准不同"调整，2016～2030年实现城乡养老保险一体化。刘昌平（2009）提出养老保险城乡统筹的两步走战略：第一步要通过完善城镇基本养老保险制度和建立农村养老保险制度，实现城乡养老保险制度有效衔接；第二步建立覆盖城乡的养老保险体系，科学规划养老保险城乡统筹发展的阶段性策略。王晓东（2012）以内蒙古为例，提出养老保险城乡统筹三个阶段：第一阶段，2013年之前实现城乡居民养老保险制度整合；第二阶段，2016年之前构建以城镇职工养老保险、城乡居民养老保险和老年津贴制度为核心的城乡养老保险体系；

第三阶段，2020 年之前实现城镇职工养老保险和城乡居民养老保险制度整合。米红（2008）从我国地区经济发展水平不平衡的国情出发，提出从覆盖到衔接的社会保障"三步走"战略，从现在到 2020 年为止为第一步走，建立覆盖城乡居民的养老保障制度；2021～2035 年为第二步走，建立东部、中部和西部为区域划分的城乡养老保障"大区域"动态衔接；在 2049 年以前，实现城乡养老保障的全国衔接。刘等玲（2008）根据城乡统筹发展水平将社会保障统筹发展战略分为"统分结合"、"中期阶段"、"城乡融合"以及"城乡一体"等四个发展阶段。张君良（2010）则根据依据行政层级，将社会保障统筹发展战略分为县域、省级及全国城乡社会保障一体化三个发展阶段。

第四，关于养老保险城乡对接的研究。王荫（2012）基于城乡迁移劳动力养老保险制度对接理论，对城乡迁移劳动力的养老保险制度对接进行了全面系统实证研究，提出要促进城乡不同人群、失地农民与城镇职工、农民工与城镇养老保险等方面的对接。王丹宇（2007）建议将农民工养老保险统筹层次提高至区域统筹，实现养老保险关系的跨省、跨地区的自由转移和接续。应永胜（2009）提出在已经开展养老保险的农村区域可 W 将外出的农民工纳入农村社会养老保险体系，实现农民工养老保险城乡接续。许可（2005）认为，可以建立"基础保障""补充保障""附加保障"的"三维"社会保障模式解决农民工的养老保险对接问题。李顺明、杨清源（2008）和杨宜勇、谭永生（2008）从扩大养老保险覆盖面、提高统筹层次、调整财政支出结构、分段缴费、立法、信息化建设、管理水平提高等角度提出了流动人员的社会保险转移和接续的对策建议。杨风寿（2010）认为统筹层次低、转轨成本未完全消化导致社会保险转移接续困难，提出可以适度动用全国社会保险基金来减少转轨成本带来的个人空账、社会保险转移不畅等社会问题。

（4）关于养老保险可持续发展研究。

第一，关于人口老龄化对养老保险制度影响的研究。朱卫东、姚建平（2005）从农村养老保障体制不健全与城市养老保障历史债务两个角度分析了人口老龄化对我国养老保险制度的影响，提出加快农村养老保险制度建设步伐与完善城镇职工养老保险制度以有效应对人口老龄化。刘同昌（2008）同样指出探索建立城乡融合的养老保障制度体系是应对人口老龄化的重要举措。封进、宋净（2006）采用一般均衡的迭代模型，在对我国城镇人口年龄结构变化和养老保险制度安排对经济的影响进行了数值模拟基础上评价了养老保险制度的福利效应，并给出了最优的养老保险规模，认为现收现付制养老保险制度依然是应该选择的模式。刘儒婷（2012）在人口老龄化背景下建立了中国养老金长期收支模型，得出中国养老金短期内收支基本平衡，中期内收略低于支，长期内严重收不抵支。林宝（2010）在养老金资金平衡的公式基础建立了人口老龄化与缴费率变动之间的关系，发现养老保险综合覆盖率上升和养老金平均替代率实际下降可以有效化解人口老龄化对缴费率的上升效应，可以从适当降低缴费率和扩大养老保险给竹覆盖范围方面改革当前制度设计。张翼（2012）在对日本人口转型与养老保险制度改革进程分析后认为中国在人口老龄化程度加深的情况下需要提升社会养老保险统筹层次，实现养老金制度体系"碎片化"到"大一统"的改变，护大养老金覆盖面，降低缴费率等。姜向群（2006）对我国人口老龄化对养老退休金缴费负担影响进行了预测和分析，并提出半基金积累制、扩大养老金覆盖面等以解决由人口老龄化导致的代际之间养老金压力。谢安（2005）建议通过延迟退休、扩大养老保险覆盖面、建立多层次综合养老保险体制、调整生育政策等方面改革现行养老保障体制有效应对人口老龄化。姜岩、张学军（2013）认为不断加深的人口老龄化要求要在更长的周期内考虑政府养老保险预算平衡问题，中国养老保险制度结构改革应同步解决政府保险预算的"碎片化"。孙端（2011）在介绍德国、美国、日本等发达国家应对人口老龄化的养老保险改革经验基础上，提出中国应制定并出台《养老保险法》、建立企业补充养老保险，发展多元养老保险体系、提高退休年龄等以有效应对日益加剧的人口老龄化社会。

第二，关于养老保险收支平衡研究。王鉴岗（2000）构建了养老保险收支平衡模型，发现缴费率、替代率、通货膨胀率、工资增长率、失业率、退休年龄设定、人口流动等均会对养老金收支平衡产生影响。蒋彼江、王辉（2009）基于我国现行养老保险基金收支办法建立了养老保险收支平衡模型发现控制退休年龄和养老金支付水平是实现养老基金收支平衡的关键因素。傅新平、邹敏、周春华、高祝桥（2007）则构建了新政策下养老保险基金收支平衡模型，发现社会平均工资、基金增值率、养老金支付人数、参保人数、缴费率、给付率等是影响收支平衡的重要因素。吕江林、周渭兵、王清生（2005）通过精算分析提出了个人账户养老金支付方案的不足，进一步基于"选择生命表"建立了两个不同假设下的个人账户精算模型，提出个人账户余额发放方式的两种可供选择的替代方案。王积全（2005）对我国养老保险个人账户基金存在的缺曰进行了原因分析，同时给定了缺口计算方式，认为目前个人账户养老金待遇的计发办法加剧了养老金支付不公平，可以采取个人账户养老金计发办法生存年金化等方法减少养老保险基金缺口。邓大松、李琳（2009）对我国养老保险政策改革后城镇职工基本养老保险替代率进行建模测算，并对养老金缴费年限等、参保工资等影响替代率变动制度内因素进行了敏感性分析，发现"做实做小"个人账户和适当的延迟退休年龄有利于我国基本养老金的积累和投资运营。陈迅、韩林、杨守鸿（2005）根据基本养老保险基金平衡模型测算了开始工作的平均年龄、开始退休的平均年龄、货币工资平均增长率、年利率和基金投资预期收益率等相关变量对收支平衡的变动情况，并测算出近期和远期的平衡状态。徐佳、傅新平、周春华等（2007）在构建新政策下养老保险基金收支测算模型基础上对我国未来养老金收支状况和老人、中人和新人三类人前后退休金的变化进行了测算。

第三，关于养老保险制度改革的研究。郑功成（2013）从现行养老保险制度存在养老金水平越来越高，制度超负荷运转、职工基本养老保险制度地区分割、农民养老保险缺乏激励并出现泡沫化、城镇居民养老保险定位不清晰、责任分担机制失衡，基金贬值风险大等问题出发，明确了优化养老保险制度体系的基本原则、基本目标、提出了以全国统筹为重点，优化统账结构，统一缴费率等优化职工养老保险制度、建立公职人员养老保险制度、完善农民养老保险方案、优化完善相关配套措施等改革方案。张明利、王亚萍、张闪闪（2012）在总结英国、法国和美国等整合社会养老保险制度措施经验和教训基础上，为我国碎片化养老保险制度提供了管理体制和养老金制度等方面的改革思路，以促进养老保障制度的完善。王思（2009）从养老保险的功能定位角度分析了我国养老保险制度存在的问题，认为未来养老保险改革仍应保留现收现付制，养老保险制度走出困境的根本出路在于提高劳动生产率。高爱娣（2009）针对我国现行养老保险制度"碎片化"特点，提出建立统一基本养老制度，缩减国家基本养老保险比重，大力发展企业（职业）补偿养老保险等。巧朝阳、申曙光（2011）认为建立非纳费型国民基础养老金计划与缴费型名义账户制计划相结合的基本养老保险制度是中国城镇养老保险制度改革方向。封进、何立新（2012）从老龄化、城市化、全球化的角度，指出中国的养老保险制度改革仍具有老年劳动参与率提高、劳动生产率提升、养老保险覆盖面扩大、保险基金投资回报率提高等独特的空间。

1.2.2 对我国学者研究的简要评述

城乡基础养老保险缴费率一元化是养老保险体系建设的核心主题，也是影响经济社会发展的重要因素，我国学者围绕养老保险城乡统筹发展过程中缴费水平、统筹模式和统筹路径等问题进行了大量理论和实证研究，为本书进行城乡基础养老保险缴费率一元化研究提供了可借鉴的思路。

我国学者针对城乡养老保险缴费率一元化相关研究集中体现在两个方面：一是养老保险缴费率研究；二是养老保险城乡统筹研究。养老保险缴费率是城乡养老保险一元化的核心要素，养老保险缴费率研究是一元化研究的前提和重要基础，养老保险缴费率研究在两个维度展开：一是以养老保险代际交叠模型为依据确定养老保险缴费率适度水平；二是以养老保险资金收支平衡为视角确定养老保险缴费率。我国学者利用 OLG 模型，以劳动力微观效用和个人、企业和国家均衡为视角确定养老保险缴费水平，体现了养老保险缴费与经济发展的一致性，为本书基础养老保险适度缴费率研究提供了思路借鉴。养老保险缴费属于国民财富收入再分配范畴，我国学者关于养老保险缴费水平研究体现了养老保险缴费与经济增长相协调的合理性，但在一定程度上忽视了经济总量合理分配对合意收入再分配水平的影响，本书从国民财富合意收入分配视角出发，结合基础养老保险微观功能定位，确定基础养老保险适度缴费率，体现养老保险缴费微观和宏观合理性。养老保险城乡统筹是养老保险体系可持续发展的必然要求，我国学者对养老保险城乡统筹的统筹模式、战略阶段等方面研究为本书研究城乡基础养老保险缴费率一元化调整路径设计提供了重要借鉴，但在相关研究中忽略了养老保险缴费率与养老保险城乡统筹的联动性，两者分割研究不利于养老保险城乡统筹合理规划。如目前机关事业单位养老保险"并轨"以企业养老保险缴费水平为借鉴，确定基础养老保险缴费率为20%，在企业基础养老保险缴费率超出企业负担能力的情况下，20%基础养老保险缴费率是否合理需要重新考虑，"并轨"目标实现后再进行水平调整将会造成二次改革成本。本书以基础养老保险缴费率为根本标准，确定城乡基础养老保险一元化缴费率及调整路径，以基础养老保险适度缴费率为标准实现城乡基础养老保险缴费率一元化是更高层次的养老保险城乡统筹顶层设计。

1.3 研究思路与创新

1.3.1 研究思路

本书从基础养老保险缴费率一元化理论基础和城乡基础养老保险多元化缴费现状出发，对城乡基础养老保险缴费率一元化动因、标准、水平和实现路径等问题进行了理论和实证分析。在此基础上，首先，以地处我国内陆地区、经济欠发达且社会养老保险很不完善的甘肃省作为研究区域，分析了当前甘肃省城乡社会养老保险一体化的保险模式和未来城乡社会养老保险缴费率一元化的现实路径。其次，根据甘肃省的社会经济现状，就甘肃省社会养老保险的缴费费率、个人缴费率和单位缴费率和政府财政补贴在问卷调查的基础上进行了设定，并对设定的缴费标准和政府财政补贴标准在构建数学模型的基础上进行了测定分析，其结果符合甘肃实际。再次，根据设定的缴费标准、缴费期限就未来一定时期内甘肃省社会养老保险的适度支出水平进行了测算分析，得出了未来一定时期内甘肃省社会养老保险适度支出水平的合理范围，以利于甘肃省根据适度支出水平调整社会养老保险的支出金额；接着根据当前我国社会养老保险的几种服务模式，设计了问卷调查，结合问卷调查的结果，对甘肃省社会养老服务体系进行了深入的分析探讨，提出了符合甘肃社会养老服务的适宜模式。最后，根据前述的研究结论在讨论的基础上提出了相应对策措施和政策建议，以利于甘肃省社会养老保险的健全及甘肃省社会经济的可持续发展。

　　本书的研究主线将遵循理论研究与实践操作的紧密结合，寻求理论研究逻辑体系上的完整性和严密性。其体系结构具体为（见图 1.1）：第 1 章是"总论"，将介绍研究的背景、研究目的和意义、现有研究进展及研究思路与创新；第 2 章是"社会养老保险的基础理论分析及框架构建"，通过对社会养老保险及服务体系理论渊源的考察，构建社会养老保险及服务体系的研究框架；第 3 章是区域概况与实证研究内容，以甘肃省作为研究区域，并根据甘肃的实际情况就新时代背景下甘肃省的社会养老保险及服务体系建设等构建了相应的研究框架。第 4、第 5、第 6、第 7、第 8 章具体针对适龄人口生育意愿、适宜的退休年龄、社会养老保险的一体化设计、社会养老保险的适度支出水平和社会养老保险服务体系建设等在构建相应计量模型的基础上进行研究分析；第 9 章是全书的研究结论及提出相应的政策建议和对策措施。

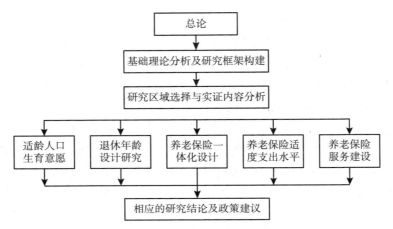

图1.1　生态脆弱区社会养老保险体系研究思路框架

1.3.2　研究方法

首先，采用理论分析和实证分析相结合的方法。本书以收入分配理论为基础，对养老保险缴费适度水平和城乡基础养老保险缴费率一元化进行理论分析，同时根据养老保险功能定位和收入分配结构演变趋势，实证分析基础养老保险适度缴费率和城乡基础养老保险一元化缴费率，并根据劳动生产要素分配系数发展规律，构建缴费率一元化调整路径。

其次，采用静态分析和动态分析相结合的方法。城乡基础养老保险缴费率一元化研究，既要关注特定时间节点的缴费适度水平，也需要分析经济条件和二元经济结构动态变化对城乡基础养老俱险长期均衡适度一元化缴费率的影响。本书结合静态分析和动态分析方法，对城乡基础养老保险一元化缴费率进行静态和动态的统计分析，确定基础养老保险特定时点适度缴费率和动态适度缴费率，并以此为根本依据，确定城乡居民基础养老保险一元化缴费率。

最后，采用定性分析与定量分析相结合的方法。基础养老保险缴费率一元化既涉及如何界定适度缴费水平和缴费率一元化等定性判断，同时也需要进行基础养老保险缴费适度水平和一元化缴费率的定量分析。本书采用定性和定量相结合分析方法，对基础养老保险适度缴费率和一元化缴费率内涵和机理进行定性分析，在此基础上对城乡养老保险缴费适度水平和长期均衡一元化缴费率进行测算，得到城乡基础养老保险一元化缴费率。

1.3.3 本书的创新之处

（1）从城乡统筹的视角构建社会养老保险制度，并根据甘肃的财政收支状况和居民收入水平就社会养老保险制度的筹资渠道、筹资比例、待遇按标准等进行设计。

（2）在构建甘肃城乡一体化社会养老保险的基础上，建立相关计量模型就其适度支出水平进行研究，厘定出甘肃社会养老保险的适度支出水平。

（3）立足甘肃省情，整合甘肃的行政、社会、家庭等各种资源，创新养老服务模式，逐步建立起与甘肃经济社会发展水平相适应、以居家养老为主、社会养老为辅的多元化、多层次的城乡一体化养老服务体系。

1.3.4 本书的不足之处

（1）鉴于甘肃省是一个欠发达地区，人民收入水平低下，政府的财政可支配能力较弱，本书只能根据当前甘肃社会经济的发展状况入手对社会养老保险体系特别是养老服务体系进行探讨，具有很大的局限性，不利于将来与全国社会养老保险体系衔接。

（2）社会养老保险体系建设是一项复杂而庞大的系统工程，既有社会养老保险制度的制度设计，又有养老保险服务体系的建设。由于受笔者研究水平、财力和人力等方面的限制，其设计的社会养老保险制度、养老保险适度支出水平和养老保险服务体系建设都是在既定假设的基础上进行分析的，其研究成果的可行性还有待于进一步在实践中验证。

第2章

社会养老保险的基础
理论分析及框架构建

本章重点分析社会养老保险基础理论，其中包括福利经济学与社会养老保险理论、养老保险城乡统筹与二元经济结构互动理论、生存公平和劳动公平理论、养老保险适度水平理论和养老保险生命周期补偿理论。这些理论相互联系，层层递进，共同构成了城乡基础养老保险缴费率一元化研究框架。养老保险城乡统筹与二元经济结构互动理论揭示了缴费率一元化动因与路径选择，生存公平与劳动公平理论是养老保险缴费与给付适度水平的理论基石，养老保险缴费适度水平理论为基础养老保险缴费率一元化提供了合理标准，养老保险生命周期补偿理论是缴费率一元化路径选择的必要依据。基础养老保险缴费率一元化理论体系完整的回答了为什么要实行缴费率一元化、缴费率一元化合理标准是什么和如何有效推进缴费率一元化这样三个核心问题。

2.1 福利经济学与社会养老保险理论

当代西方社会保障经济理论开始于福利经济学。福利经济学是研究单个社会成员及组成社会全体成员的福利问题的一门学说。福利经济学诞生于20世纪20年代的英国。1920年，阿瑟·赛西尔·庇古（Arthur Cecil Pigou，1877～1959）的《福利经济学》出版，标志着福利经济学的产生。庇古也因此被西方经济学界推崇为"福利经济学之父"。福利经济学是社会保障制度重要的经济理论基础。福利经济学的产生有其现实社会背景和理论背景。现实社会背景是20世纪20年代英国社会问题和劳资关系矛盾，理论背景是功利主义和边际效用学说。庇古运用边际效用递减规律，以18世纪末和19世纪初英国哲学家边沁的功利主义理论为基础，依据边沁所提出的"最大多数人的最大福利"这一功利原则论述了社会保障制度的经济意义。根据福利经济学的发展历程，将其分为早期福利经济学和新福利经济学。

2.1.1　早期福利经济学

早期福利经济学以庇古为代表。庇古把福利分为两类：一类是广义福利，即社会福利，另一类是狭义的福利，即经济福利。经济福利对于社会福利制度具有决定性的影响。因此，福利经济学主要研究经济福利。为此，庇古以基数效用论为基础提出了其命题、命题推论和福利政策。

（1）庇古命题。

第一，一个国家的经济福利可以用国民收入的多少来表示。换句话说，国民收入是一国经济福利的同义语。一国的国民收入量越大，则其经济福利越大。经济福利的增加表现为国民收入量的增加。关于这一点，庇古接受了马歇尔关于国民收入的基本论点。马歇尔认为："一国的劳动和资本作用于它的自然资源时，每一年生产一定的纯商品总量，其中有的是物质的，有的是非物质的，各种服务也包括在内。而'纯'这个限制词，是指补偿原料和半制成品的消耗以及机器设备再生产中的耗损和折旧。必须从总产品中减去所有这种种消耗，我们才能求得真正收入或纯收入。国外投资所提供的纯收入也必须包括在内。这就是一国的真正年纯收入或国民收益。"马歇尔还写道："凡普通不算作个人收入的一部分者，也不能算作国民收入或收益的部分。"马歇尔关于国民收入被看做个人有代价的收入总和，被看做"可供分配的各种享受之新来源的总和"。这样就必然导出以国民收入增长代表经济福利增长的论断。

第二，一个国家的经济福利是国民中每个人经济福利的总和，而每个人的经济福利由他所得到物品的效用构成。根据边际效用递减原理，货币对于不同收入的人有不同的效用构成，货币收入越多则货币的边际效用越少。譬如，穷人手里一元钱的效用比富人手里一元钱的效用大。这样如果把富人的一部分货币收入转移给穷人，将会增加穷人的效用，而不会减少富人的效用，从而增加一国的经济福利。庇古在接受马歇尔国民收入分配理论的同时，也发展了马歇尔的观点。马歇尔虽然也谈到过国民收入分配不均等是资本主义社会的一个缺陷，但当他在把福利的大小同国民收入大小联系在一起时，主要是从增加国民收入、增加国民产品的数量方面来考虑增加福利。但同时，也考虑到了国民收入分配不均对社会福利的影响。马歇尔写道："从国民收入的增长取决于发明的不断进步和费用浩大的生产设备的不断积累这一事实出发，我们不得不想到，使我们驾驭自然的无数发明差不多都是由独立的工作者所创造的……我们不得不想到，国民收入的分配虽有缺点，但不像一般所说的那样多。实际上英国有许多技工的家庭，美国这种家庭甚至更多（尽管在那里曾发现了巨大的宝藏），它们会因国民收入的平均分配而受到损失。"因此，马歇尔指出："财富的不均，虽没有往往被指责的那样厉害，确是我们经济组织的一个严重缺点。通过不会伤害人们的主动性，从而不会大大限制国民收入的增长的那种方法而能减少这种不均，显然是对社会有利的。"

（2）庇古命题推论。

从上述两个基本命题出发，庇古引申出其命题的两个推论。

第一，资源的最优配置能使国民收入最大化。庇古认为，在完全竞争的市场条件下，通过资源的自由流动即配置，可以使边际私人纯产值等于边际社会纯产值，并导致各个部门的边际社会纯产值彼此均等，即资源的最优配置可以使国民收入达到极大。由于边际社会纯产值往往不等于边际私人纯产值，庇古认为，对于那些边际社会纯产值小于边际私人纯产值的部门，国家应该通过税收政策加以限制，对于那些边际社会纯产值大于边际私人纯产值的部门，国家应该通过补贴政策加以鼓励，以求最大的经济福利。

第二，国民收入的最优分配能使经济福利最大化。根据基数效用理论，货币收入的边际效用具有规律递减。因此，通过累进税政策把富人缴纳的一部分税款用来发展社会福利设施，如失业救济金、养老金、医疗补助、助学金等，让穷人享用，这样就能增加货币收入的总效用，从而增加社会福利总量。当所有社会成员货币收入的边际效用彼此均等时，经济福利便达到最大。

（3）庇古的经济福利政策。

基于对马歇尔观点的接收并发展，庇古提出了其政策建议，即政府应采取一定的干预措施来增加社会福利。这正是庇古与马歇尔在福利政策方面的不同之处。主要有两点：第一，资源最优配置政策。按照庇古的论点，要使一国经济福利有所增加，必须增加国民收入量，然而国民收入的增加取决于资源能否达到最优配置。如果各种生产资源在部门间的配置能够达到最适宜的程度，国民收入量也就能够得到最大限度的增长，所以资源最优配置政策是一项增进经济福利的重要政策。

第二，收入再分配政策。按照庇古的论点，把高收入者的一部分货币收入转给低收入者，将增加效用，从而增加经济福利。所以一国政府如果采取收入再分配政策，如实行征收累进所得税和遗产税，扩大失业补助和社会救济支出等措施，促进"收入均等化"，也将有助于经济福利的增大。

2.1.2 新福利经济学

早期福利经济学主要从宏观角度强调通过政府强制干预增加社会福利，从而使整个社会的福利达到最大化，对自由市场经济下的微观领域缺乏应有的研究。随着资本主义市场经济的发展和成熟，这一理论存在明显的不足和缺陷。因此，在早期福利经济学的基础上，意大利经济学家维弗雷多·帕雷托，英国的卡尔多、希克斯，美国的勒纳、伯格森、萨缪尔森等，以效用序数论和帕累托理论为基础，提出了新福利经济学理论[46]，新福利经济学主要应用数学模型从微观的角度研究了完全市场经济条件下的社会福利问题。

（1）新福利经济学的三个命题。第一，个人是他本人福利的最好判断者；第二，社会福利取决于组成社会的所有个人的福利；第三，如果至少有一个人的境况好起来，而没有一个人的境况坏下去，那么整个社会的福利境况就算好了起来。

（2）社会福利的实现——帕累托最优状态。在上述三个基本命题和完全竞争的市场结构之下，新福利经济学家们认为，社会福利的实现必须以帕累托最优状态为出发点。但新福利经济学家们补充和发展了帕累托的最优条件论，并用数学公式来论证交换的最优条件、生产的最优条件以及生产和交换最优条件的结合。第一，交换的最优条件，是指在完全竞争的市场经济中，交易双方通过交换而使彼此得到最大限度满足的条件。即在一定的收入、价格和嗜好的基础上，任何两种商品之间的边际替代率相等时的状态。即当产品边际替代率相等时交易双方的效用得到了最大限度的满足，实现了最优交换。第二，资源利用与配置的最优条件，是指在完全竞争的市场经济中，当两种资源（劳动、资本）劳动对资本的边际技术替代率相等时的资源配置状态。新福利经济学家们认为当资源配置发生变化以后，在不使其他产品产量减少的情况下（或不使其他厂商福利减少的情况下），使至少一种产品的产量增加，从而使该厂商福利增加时，社会的福利便可增加。第三，生产的最优条件，是指在完全竞争的市场经济中，对生产要素进行最有效的配置，从而使产品被最有效地生产出来所需要的条件，即多种产品生产的"边际产品转换率"相等时的状态。第四，社会福利最优，是指在完全竞争的市场经济中，总效用可能性边界在交换最优、资源充分利用和生产最优时，能够尽可能地外推而达到最大时的状态。

对整个经济社会来讲，要达到社会福利最大，除了上述三种最优状态外，还要考虑社会的效用是否达到最大。由于在稀缺资源既定条件下，资源的充分利用所产生的生产可能性边界上的每一个生产组合点，对于消费者都含有其交换后的最终分配点。这无数个最终分配点的组合所构成的契约线可转换为"产品边际替代率"是指消费者或使用者在使自己的满足程度不变的条件下，当一种商品减少时，需要相应增加一定数量的另一种商品作为替代的关系。交换的最优条件是指对于使用这两种商品的每个人来说，"产品边际替代率"都应当是相等的，否则不可能使每个人所得到的效用不变，其中有人受损。"边际产品转换率"是指两种产品的"边际生产成本"之间的比率。"边际生产成本"是指生产最后一个单位所需要的成本。新福利经济学认为，所谓生产的最优条件，如果仅指一种产品的生产而言，那就要求其"边际生产成本"和产品价格相等，因为如果它高于价格，就会使生产者缩小生产，以防止亏损，如果它低于价格，生产者就会为追求利润而不断地扩大生产，生产无从保持均衡状态。如果指两种或者多种产品的生产而言，那就要求两种或多种产品的"边际产品转换率"相等，否则生产要素的分配就有可能变得只有利于生产其中某一种产品，而不利于生产另一种产品，从而一种产品会在促使另一种产品减少的情况下增加生产。总效用可能性边界实际表示在各种可能的产品结构条件下消费所能达到的最大效用组合，由无数个个人效用曲线的外包络线构成了社会的最大总效用可能性边界（Grand Utility Possibility Frorl-tier），即效用可能性曲线。个人的效用可能性曲线的外包络线构成社会的总效用可能线。总效用可能性线又称为总效用可能性边界。效用可能性边界外的点表示在现有资源条件下还不能达到的效用组合，边界上的点表示在现有资源条件下所能达到的最大效用组合。边界内的点表示在现有资源条件下某一产品结构的效用组合未达到最大，而改变产品结构就可以使效用组合进一步提高。

（3）两个次优理论。效用可能性边界由无数个帕累托最优点组成。显然，效用可能性边界还不能揭示对全社会而言，究竟哪一点是最可取的。例如，对消费者 A 而言，希望效用组合点尽可能在边界的上端，而 B 则希望尽可能在边界的下端。同一时期，不同的消费者希望得到的最大福利不同，即效用可能性边界上的哪一点是该时期的社会福利最大点。对于这个问题，新福利经济学提出了两种解决办法，即"补偿原则论"和"社会福利函数论"。

第一，补偿原则论。霍泰林是补偿原则论的最早提出者。此后，卡尔多、希克斯和西托夫斯基等对补偿原则论作了完善和发展并成为这一理论的主要代表者。补偿原则论的基本论点是：政府实行的任何经济政策都会引起市场上价格体系的变化，使一方得利而另一方受损，这不符合帕累托最优条件的福利原则。这样就有必要通过赋税政策或价格政策进行调整，从受益者那里取走一部分收入，作为对受损者的补偿。如果补偿后还有剩余，则意味着增加了社会福利，这样的国家调节就被认为是合理的。这种福利评价标准又称之为倾斜保护原则。这种补偿可以是实际的补偿，也可以是一种虚拟的补偿，即把社会的受益者增加的收益与受害者所蒙受的损失相比较，如果前者增加的收益大于后者蒙受的损失，那么对全社会而言，仍然是福利的增大。不仅如此，补偿原则论者还认为，如果从较长期进行考察，经济政策中，有些对这一部分人有利，另一些对另一部分人有利，很可能经过较长的一段时间后，人人都可能因政策的结果而受益，这样，受损失者也就得到了补偿。因此，补偿原则的实质就是盈利者对损失者的补偿。

第二，社会福利函数论。以伯格森、萨缪尔森等为代表的社会福利函数（social welfare function）派认为，不同的收入分配会对消费和生产发生不同的影响。帕累托的最优状态只解决了经济效率问题，没有解决合理分配问题。经济效率是社会福利最大的必要条件，合理分配是社会福利最大的充分条件。只有同时解决效率和公平的问题，才能达到社会福利的唯一最优状态。总效用可能性曲线上有无数个点，每一个点都是生产和交换的最优状态，那么哪一点才是唯一的最优状态呢？社会福利函数派借助社会福利函数这一工具来说明。社会福利函数是整个社会所有个人效用水平的函数，而个人效用水平又是他们消费产品、提供要素等变量的函数。为此，该学派假设了一个由两人、两种产品和每人只提供一种要素的社会进行简化研究，并推而广之。假如社会中只有甲和乙两人，每人只消费两种产品 A 和 B，每人只提供一

种要素 L，而且没有其他有关变量，则甲和乙两人的效用函数为：$U = U(X甲，Y甲，L甲)$；$U = U(X乙，Y乙，L乙)$。以 W 代表社会福利函数，则 $W = W(U甲，U乙)$，这便是最简单的社会福利函数。对这个最简单的社会福利函数推而广之就得到可以包括全社会所有的人的社会福利函数。显然，要满足每一个人意愿的这样的函数是难以建立的。但是，一般假定可以通过领导者的意志、国家对福利的设想、厂商所遵循的社会经济政策等加以确定，并做出类似个人的无差异曲线那样的社会无差异曲线。然而社会福利函数派的观点受到了社会选择理论的质疑，他们认为社会福利函数在人际汇总方面是有很多问题的。1951 年，阿罗在其发表的《社会选择与个人价值》的小册子里，提出了著名的"阿罗定理"（Arrows Theorem）。阿罗定理证明社会福利函数派所构想的能够满足所有社会成员的社会福利函数是不可能的。阿罗定理是说不存在一种社会选择机制，它既能满足假定的或隐含的一组合理条件（U、M、I、N、D、P），又能适合于任意的一组个人准则。把社会中众多的个人偏好经由一个函数转换成单一的社会整体的偏好即社会福利函数，而且此函数还将同时满足若干条件，是一件不可能的事。

　　社会选择理论当中另一个有影响的经济学家就是阿玛蒂亚·森（Amartya Sen），他最引人注目的贡献是将自由与权利原则引进了对社会福利的研究，证明了一向被经济学家奉为圭臬的帕累托最优原则，其实是与现代社会公认的个人自由主义原则相冲突的。自由或权利条件必须利用非效用信息，从而可能与完全以效用为基础的原则如帕累托原则相抵触，这并不令人感到过分吃惊。甚至在相当有限的内容中（如帕累托原则），如果把效用方面的考虑变为不可抗拒的力量，那么，非效用的考虑就不会是不可改变的目标。这种不可能性结果的一个作用在于指出这样一种可能性，即甚至在效用信息以最清晰、完备的形式出现的时候，效用资料对社会判断或社会选择来说，在信息上也不一定是充分的。

2.2 养老保险城乡统筹与二元经济结构互动理论

二元经济结构是发展中国家的阶段性特征，养老保险城乡分割起源于二元经济结构，在城乡偏斜发展过程中逐渐强化，形成路径依赖。城乡分割的养老保险制度模式与城乡一体化发展趋势相悖，需要结合二元经济结构消减规律进行一元化整合。

2.2.1 二元经济结构转换理论

在经济发展初级阶段，发展中国家存在传统农业部口和现代工业部口并存的二元结构，随着工业化进程推进和农业发展，二元经济结构向工农业均衡转换。刘易斯（1954）较早地研究了发展中国家二元经济结构转换问题，认为传统农业部口边际劳动生产率为零决定了农业剩余劳动力只能获得维持基本生存的农业工资水平，现代工业部门边际劳动生产率较高情况下，只需要以略高于农业部门的工资水平就能够获得源源不断的农村剩余劳动力供给。刘易斯二元经济模型提供了二元经济理论分析框架，奠定了古典二元经济理论基础。拉尼斯和费景汉（1961）在刘易斯二元经济模型基础上，放宽了农业边际劳动生产率为零的假设，将二元经济结构转换分为农业边际劳动生产率为零的农业剩余劳动力流动阶段、农业边际劳动生产率大于零小于不变工资的农业剩余劳动力流动阶段和农业边际劳动生产率大于不变工资的农业剩余劳动力流动阶段。以刘易斯二元经济模型和拉尼斯—费景汉模型为核心的古典二元经济结构理论探讨了二元经济结构转换过程中工农业之间的内在联系，在一定程度上强调了技术进步对二元经济结构转换的影响，但也存在忽视农业发展的问题。新古典二元经济结构理论强调了农业发展在二元经济结构转换中的作用，认为工农业工资均取决于边际劳动生产率。乔根森（1961）以农业剩余、工业扩张和劳动力流动为视角研究二元经济结构转换问题，认为农业产出增长率超过人口增长率产生了农业剩余，而农业剩余为工业扩张提供了基本条件，在工业扩张过程中由于人们对农业产品消费有限性和工业产品消费需求无限性导致农业劳动力向工业部口转移。托达罗（1970）研究聚焦于二元经济结构转换中的劳动力流动微观决策机制，认为城乡收入差距是吸引农业剩余劳动力流动的重要原因，城市就业预期收入大于农业收入情况下，农业劳动力具有流动的动力。

古典二元经济结构转换理论和新古典二元经济结构转换理论揭示了工农业二元结构向工农业均衡转换规律。作为发展中国家，我国二元经济结构同样显著，以农业支持工业的发展战略推动了我国经济持续发展，随着我国经济发展水平提升，工农业均衡发展需求逐渐显现，需要以工业反哺农业为核心途径，实现二元经济结构消减，城乡一元化发展。

2.2.2 二元经济转换与养老保险城乡统筹互动

二元经济结构是发展中国家经济发展初期的特征，在经济发展初期，农业为工业提供生产资料和劳动力，推动工业部口逐渐扩张，强化了二元经济结构。而在工业化进入特定阶段，农业发展不足将导致产业结构偏斜发展，工业部口扩张动力难以持续，需要重视农业发展。西奥多·舒尔茨（1968）提出工农业应该均衡发展，重工轻农将不利于产业结构优化，导致经济发展失衡，阻碍工业化进程。农村剩余劳动力流动是工农业二元经济结构向工农业均衡发展转变的核心途径，劳动力就业结构是判断工业化阶段的重要标志。克拉克（1940）提出经济发展阶段的劳动力就业结构判断标准，随着工业化进程推进，劳动力由第一产业向第二、第三产业转移。农村劳动力转移既提高了农村劳动生产率，促进农业发展，也为工业发展提供了丰富劳动力资源。托达罗模型（1970）较好地揭示了农村劳动力乡城流动的决定机制，认为城乡预期收入差距是导致农村劳动力迁移的决定因素，人口流动数量是城乡预期收入差距的增函数，托达罗模型扩展了刘易斯二元经济模型中城镇失业率为零和农村迁移劳动力全部就业的假设条件，说明了在现实就业条件下城镇失业率与农村劳动力大量迁入城镇并存的内在原因。但在中国户籍制度特殊背景下，托达罗模型对农村劳动力乡城迁移的解释能力受到限制，户籍制度导致农民工难以享受与城镇居民相同的养老、医疗等社会福利，导致劳动力市场二元分割，阻碍农村劳动力迁移。斯塔克和布鲁姆（Oded Stark and David E. Bloom，1985）提出劳动力迁移的经济学理论，认为迁移劳动力社会保障缺失是导致阻碍劳动力永久迁移的重要原因。在工业反哺农业阶段，社会保障城乡统筹是推动劳动力流动和工业化持续推进的必然要求，养老保险是社会保障的核心组成部分，养老保险城乡统筹需求尤为突出。

养老保险城乡统筹既是二元经济结构消减的结果，也是推进城乡一体化的核心途径。在经济发展水平相对较低情况下，养老资源有限，"重城镇、轻农村"经济发展模式导致养老资源向城镇倾斜，农村养老保险财政责任缺位进一步强化了养老保险城乡分化，形成了养老保险城乡分割的发展现状。随着工业化进程持续推进，经济总量逐渐提高，城乡偏斜发展不再是推动工业化和经济增长的动力，反而转化为经济可持续发展的制约因素。城乡统筹发展成为经济水平在超越低收入界限后的必然趋势，聚焦点之一就是养老保险城乡统筹，重点在于完善农村养老保险制度。

根据发达国家城乡养老保险统筹发展经验可以发现，农村养老保险制度建立时点普遍晚于城镇养老保险制度，农村养老保险制度是在经济跨越低收入水平界限和工业反哺农业条件成熟情况下得以建立和发展的。在农村养老保险制度建立时点，除波兰外，其他国家人均 GDP 水平均已达到中等收入国家标准之上。2009 年我国人均 GDP 达到 3749 美元，已经具备工业反哺农业条件，在同一时间节点，国家颁布《关于开展新型农村社会养老保险试点的指导意见》，建立统账结合模式的新型农村养老保险制度。2016 年我国人均 GDP 增长至 8260 美元，经济发展为统筹城乡养老保险提供了有利条件。在经济持续增长支撑下，农村养老保险制度国家财政归位将会极大推动城乡养老保险制度协调发展，养老保险城乡统筹具备了较好的经济条件。

2.2.3　养老保险城乡统筹一元化理论

养老保险城乡统筹是推动经济持续发展和工业化水平提升的基本要求，也是社会福利改进的核心途径。养老保险城乡统筹能够缩小城乡收入差距，是社会福利思想的重要实践。边沁在代表作《道德和立法原则概述》中提出功利原理，即"它按照看来势必增大或减小利益有关者的幸福倾向，亦即促进或妨碍此种幸福倾向，来赞成或非难任何一项行动"，并化为当一项行动或政府措施增大共同体幸福倾向或大于幸福减小的倾向时，这一行动或政府措施符合功利原理。边沁功利原理是功利主义社会福利函数理论的思想源泉，以边沁和穆勒为代表的功利社会主义福利函数将化会福利看作是社会成员个人福利的简单加总，古典功利主义社会福利函数未包含收入分酷的价值判断，强调社会成员个体福利地位相同。罗尔斯（1971）社会福利函数建立在罗尔斯福利改进思想基础上，将贫困阶层作为社会福利目标函数，提高贫困人口福利水平能够促进社会整体福利水平提升。阿玛蒂亚·森（1973）以平均收入和收入差距为核心指标构建社会福利函数模型，提高平均收入和缩小收入差距能够提高社会整体福利。

西方社会福利思想的根本指向在于降低社会非均等，养老保险城乡统筹是社会福利思想的具体体现。"统筹"具有统一筹划的含义，养老保险城乡统筹是要实现城乡养老保险统一。"统一"可以分为"模式统一"和"水平统一"两个方面。目前，我国城乡养老保险体系主要包括城镇企业职工养老保险、机关事业单位养老保险和城乡居民养老保险。随着机关事业单位养老保险制度并轨，城镇企业职工养老保险和机关事业单位养老保险可统一为城镇基本养老保险制度。城镇基本养老保险制度和城乡居民养老保险均采用统账结合模式，实现了制度模式的统一。城乡养老保险制度分割主要体现在水平差异。城乡养老保险水平差异在二元经巧结构中产生，需要在二元经济结构消减过程中分阶段逐步达到统一，城乡养老保险制度"量"的统一是养老保险城乡统筹更高标准和更高层次的目标。这一目标的实现需要经历相当长的一个过程，与二元经济消减规律相适应。城乡养老保险一元化是指养老保险"量"的一元化，其中缴费是养老保险核心要素，城乡养老保险一元化集中体现为缴费水平一元化。根据"量"的标准，缴费一元化可以延展出两种内涵：一是城乡养老保险缴费率分别达城乡养老保险缴费适度水平，养老保险缴费适度水平是判断缴费率是否合理的根本依据，城乡养老保险缴费指向适度水平说明两者实现了缴费相对水平适度统一；二是城乡养老保险采用统一缴费率水平。

两种内涵具有逻辑递进关系和内在统一性。养老保险适度缴费率和统一缴费率的逻辑递进关系体现为，适度缴费率是设定养老保险缴费水平的根本依据，统一缴费率是以城乡养老保险适度缴费率为基础进行的养老保险制度顶层设计，实现养老保险制度的更高层次发展。养老保险适度缴费率是与合意收入再分配结构和养老保险人口结构相适应的缴费适度水平，城乡养老保险实际缴费率向适度缴费率调整说明城乡养老保险达到了缴费率相对于适度标准的一致性，养老保险统一缴费率是以缴费适度水平为根本依据，结合养老保险近期动态缴费适度水平和养老保险长期均衡适度缴费率，设定的城乡养老保险统一缴费率。养老保险适度缴费率和统一缴费率的内在一致性体现在：在养老保险制度建设周期内，养老保险统一缴费率与长期均衡适度缴费率相一致。养老保险统一缴费率是在更高视角上进行的养老保险制度顶层设计，缴费率一元化是指城镇职工基础养老保险、个体户和灵活就业人员基础养老保险和城乡居民基础养老保险采用统一缴费率，实现不同群体养老保险缴费水平的相对均衡。

2.3　生存公平和劳动公平理论

2.3.1　社会公平正义基本思想

社会公平正义最早起始于古希腊，亚里士多德将社会公平正义定义为"合法、平等和自由与法制的统一，其中平等意义上的公平分为分配的正义、矫正正义和交换的正义，分配的正文实质上是数量或比例的平等"。我们进一步以"分配正义"为视角梳理社会公平正文思想。尼古拉斯·巴尔（2003）将收入分配正义理论分为自由意志论、集体主义和自山主义。自由意志论主要观点是反对政府对分配的干预，根据观点理论基础不同又分为自然权利自由意志论和经验主义自由意志论，自然权利自由意志论认为财政分配是天然的权利，政府不能干预财产分配的自由，自然权利自由意志论以罗伯特·诺齐克和穆瑞·罗斯德为代表。经验主义自由意志论认为正义就是自由，维护自由是实现公平正义的最有效途径，政府只能在社会成员生存需求问题上干预分配，经验主义自由意志论以哈耶克为代表。自由主义以罗尔斯社会正义思想为代表，罗尔斯对古典自由主义进行修正，古典自由主义注重社会"善"的总量而忽视内部分配公平，罗尔斯认为一项分配制度应当实现平等分配，除非这些分配制度能够促进社会底层成员利益提升。集体主义强调分配结果的平等性，认为市场在实现分配正义层面具有缺陷，需要国家对分配进行干预。

2.3.2　国民收入分配梯度思维

根据收入分配视角社会公平正义思想的数理，能够发现存在收入分配的梯度公平正义标准，一个是以罗尔斯社会公平正义思想为主要代表的社会底层成员的底线公平价值取向；另一个是以自由意志论为代表的财产自由价值取向，强调分配与人的价值相对应。国民财富收入分配对公平正义的迷惑主要来自发展目标的差异，收入分配既要促进人类社会发展，同时也要促进经济持续增长。公平与效率的辩论是经济学发展中亘古不变的主题，公平能够促进人类社会发展，但会损害效率，经济增长效率提升往往会产生不平等。国民收入分配梯度思维以收入分配梯度公平标准为前提，破解国民财富收入分配对公平正义的迷惑，有助于合理确定收入分配方式和水平。穆怀中（2003）提出国民财富收入分配梯度思维理论，低梯度是满足社会成员基本生存需求，高梯度是实现社会经济持续发展，合理收入分配是在低梯度标准之上的差异性收入分配。穆怀中（2014）进一步以国民财富收入分配梯度思维为理论基础，提出收入非均等贫困指数概念，以收入非均等贫困指数基本线和警戒线判断收入分配合理性程度，以及与之相对应的社会秩序风险。国民财富收入分配梯度思维的政策含义有两点：消除绝对贫困，满足社会成员基本生存需求；在满足低梯度指标基础上，要肯定差异性收入分配，体现收入分配与劳动贡献相一致。

2.3.3　收入分配生存与劳动公平

收入分配生存公平和劳动公平是国民财富收入分配梯度思维的延展。穆怀中（2007）提出收入分配的两个公平标准，即生存公平和劳动公平。生存公平与人的基本生存权利相对应，每一个人都有获得维持生存所必需的资源的天然权利，这种权利不受个体地位、社会阶层等条件制约，需要在收入分配过程中得以彰显。生存公平并不与社会贡献直接对应，生存公平权利要求社会成员在初次分配或收入再分配过程中获得的收入水平能够满足生存消费支出，即使在不能作出劳动贡献情况下，也要保证基本食品需求。生存公平是人类社会发展的基本目标，由于初次分配与劳动贡献相对应的基本原则，初次分配难以保证每一位社会成员生存公平权利，生存公平需要收入再分配制度予以"兜底"保障。劳动公平与社会成员劳动权利相对应，是更高层次的收入分配标准。劳动公平体现为两个维度：一个是社会成员具有参与劳动的权利，享受平等劳动机会，这种平等机会不受城乡结构、就业结构限制；另一个是社会成员收入分配水平要与劳动贡献相一致，多劳多得。劳动公平在初次分配领域体现为劳动报酬与劳动贡献相一致，在收入再分配领域体现为养老金给付与养老缴费贡献相一致。生存公平是劳动公平的基础，劳动公平是生存公平更高层次的发展，两者统一协调是社会财富收入分配的基本问题和核心内容。根据国民财富收入分配生存公平，国家有责任为社会成员建立收入再分配制度安排，满足社会成员基本生存需求。社会保障制度具有收入再分配性质，是实现生存公平的有效途径。社会保障制度水平应以生存公平为最低要求，在养老保险领域，生存公平是确定缴费与给付适度水平下限的标准。劳动公平在养老保险领域体现为缴费贡献与给付相对应，劳动公平是养老保险缴费与给付上限的标准。

2.4 养老保险缴费适度水平理论

养老保险缴费适度水平是养老保险制度运行的核心要素，缴费水平过高将导致国家财政、企业和个人缴费负担过重，导致养老保险制度不可持续，阻碍经济发展；缴费水平过低将导致养老保险给付难以满足养老消费支出。养老保险缴费适度水平是与经济发展水平和缴费能力相契合，与养老合理给付需求相对应的合理缴费负担，是城乡社会养老保险一元化的根本标准。

2.4.1 养老保险缴费适度水平内涵界定

养老保险缴费水平是指养老保险缴费额与收入之间"量"的关系，这种"量"的关系要与养老保险缴费的"质"相一致。所谓养老保险缴费的"质"是指养老保险缴费与经济发展水平和人口结构相契合，缴费与经济发展水平契合体现为养老保险缴费实现合意收入分配结构，促进经济持续发展；缴费与人口结构契合体现为劳动人口在缴费能力范围内满足老年人口养老需求。养老保险缴费的"量"要保持在合理范围内，超过特定界限将会改变养老保险缴费的"质"。我们将"度"定义为保持养老保险缴费"质"所需"量"的界限的幅度。根据这一内涵，养老保险适度水平是一个区间概念，包括养老保险缴费适度下限和养老保险缴费上限。适度下限与收入分配生存公平相对应，适度上限与收入分配劳动公平向对应。

2.4.2　养老保险缴费适度水平判定标准

养老保险缴费水平的"度"存在两个核心要素——"养老保险缴费额"和"劳动报酬"。为体现养老保险缴费与经济发展和收入分配结构契合关系，我们引入人均 GDP 和消费两个中间变量，将养老保险缴费系数转化为养老保险缴费替代费系数、居民消费系数和劳动生产要素分配系数三个子系数的函数形式。判断养老保险缴费适度水平需要分别确定劳动生产要素分配系数、居民消费系数和养老保险缴费替代消费系数的合理标准。

劳动生产要素分配系数是指经济总量中依据劳动贡献比例所分配的劳动收入比例，根据柯布—道格拉斯生产函数实证研究结果，合理劳动生产要素分配系数为 75%，经济总量中按照合意劳动生产要素分配系数确定适度劳动报酬。居民消费系数是指居民消费支出占 GDP 比重。在经济总量中居民消费达到合意比例才能够保证经济持续发展及保证社会成员福利水平，居民消费水平过低将造成经济发展动力不足，经济过度依赖出口拉动，居民消费水平过高将不利于储蓄和投资，影响扩大再生产。根据钱纳力（1988）利用各个国家经济发展数据进行实证分析的结果，居民消费率即居民消费支出占 GDP 比重 60% 为标准模式。养老保险缴费替代消费系数是指养老保险缴费满足养老需求的水平，根据收入分配生存公平和劳动公平理论，养老保险缴费下限水平应满足老年人口基本生存消费支出，即恩格尔系数；养老保险缴费水平应以老年人口基本消费支出为上限，根据消费结构发展规律，老年消费支出占社会平均消费支出约为60%。

养老保险适度缴费适度水平的研究逻辑是，先依据经济发展标准型式确定经济结构中合意居民消费水平（居民消费系数），再根据养老保险功能定位确定合意的养老保险缴费负担消费比例，进一步确定合意养老保险缴费负担比例占合意收入分配水平（劳动生产要素分配系数）的比例。

2.4.3 养老保险缴费适度水平理论要素

养老保险缴费适度水平与合意收入分配水平出发，实现收入分配生存公平和劳动公平。养老保险缴费适度水平是城乡养老保险一元化的根本标准，以缴费适度水平为依据，进行城乡养老保险缴费一元化调整，是实现城乡养老保险一元化的根本途径。

（1）缴费适度水平体现收入分配生存公平和劳动公平。

生存公平和劳动公平是判断收入分配公平性的两个维度标准，是确定养老保险缴费适度水平的根本依据。养老保险缴费要满足老年人口基本生存需求，养老保险缴费适度水平以缴费替代消费系数为核心指标，缴费替代系数下限与恩格尔系数对应，体现收入分配生存公平。缴费替代系数上限与合理消费支出相对应，体现了收入分配劳动公平。同时，缴费适度水平与合理劳动生产要素分配系数相对应，也是收入分配劳动公平的重要体现。目前，城镇养老保险缴费水平高的问题与我国劳动生产要素分配系数相对较低有直接关系。现阶段劳动生产要素分配系数较低，提高缴费率才能够满足老年人口养老需求。在同样养老保险给付额需求下，劳动生产要素分配系数高，可降低养老保险缴费率，劳动生产要素分配系数低，需要提高养老保险缴费率。养老保险适度水平以合理劳动生产要素分配系数为核心指标，既体现收入分配劳动公平，也反映了收入再分配与初次收入分配的梯次递进关系。

（2）缴费适度水平是劳动人口养老支出的合理份额。

劳动人口养老保险缴费属于国民财富代际和代内生命周期再分配范畴，研究养老保险缴费需要解决的核心问题是缴费水平占劳动人口劳动报酬的比重多少为合适。养老保险缴费水平的直接要素包括"缴费额"和"劳动报酬"，缴费额与养老合理需求相对应，劳动报酬与合理收入分配水平相联系。养老保险缴费适度水平以人均 GDP 和消费为中间变量，确定养老保险缴费与养老合意支出上、下限的对应关系。同时，养老保险缴费适度水平合理劳动生产要素分配系数为核心要素，确定养老保险合理缴费额占合理收入分配水平的比重。养老保险缴费适度水平破解了经济发展框架下的合理缴费水平问题，实现了缴费水平与合理收入分配水平和经济结构相契合。

（3）缴费适度水平是城乡养老保险一元化的根本标准。

城乡养老保险一元化主要是指"量"的一元化，特别是缴费"量"的城乡统一。这种"统一"并不意味着城乡养老保险缴费绝对水平相同，而是设定统一缴费率水平，根据缴费基数差异调节缴费绝对值。缴费率一元化的关键问题在于如何确定合理的一元化缴费率。养老保险缴费与给付属于国民财富收入再分配，要与经济发展水平和结构相适应，养老保险缴费过高将导致企业和个人难以负担，影响劳动供给，不利于经济持续发展。缴费过低将导致养老保险给付与社会消费支出失衡。养老保险缴费适度水平以合理劳动生产要素分配系数和居民缴费系数为核心变量，确定在合理经济结构下的养老保险缴费适度水平，能够实现基础养老保险缴费与经济发展结构的平衡。养老保险缴费适度水平是城乡养老保险缴费率一元化的根本标准，需要根据缴费适度水平确定合理一元化缴费率。缴费率一元化是一个长期过程，在城乡养老保险现存缴费率向一元化缴费率调整过程中，需要以缴费适度水平为依据，结合财政补贴能力和缴费主体缴费能力，逐步实现一元化目标。

（4）缴费适度水平与养老保险统账结构演变相联动。

养老保险缴费替代系数是养老保险缴费适度水平的核心要素，养老保险缴费替代系数是指养老保险缴费占合理养老消费支出需求的比例，反映养老保险对养老给付的满足程度。养老保险缴费替代系数在城镇职工养老保险制度转轨过程中承担养老保险功能结构动态变化。在养老保险制度转轨初期，个人账户养老保险尚未达到有效积累，难以有效保障老年人口养老需求，基础养老保险应承担较大比例养老功能；随着统账结合养老保险制度发展完善，个人账户养老保障功能提升，基础养老保险的养老保障功能可适度下调，基础养老保险缴费替代率与统账结合养老保险发展阶段相联动，由高到低动态调整。目前，城乡居民养老保险制度处于建立初期阶段，根据养老生命周期理论，个人账户没有达到给付条件，基础养老保险应承担较大养老保障功能。养老保险缴费适度水平以缴费替代系数为传导机制，体现基础养老保险在不同阶段功能定位，符合养老保险制度发展规律。

2.5 养老保险生命周期补偿理论

养老保险缴费与给付属于财富跨期转移支付，当期劳动人口进行养老保险缴费满足老年人口养老需求和自身养老积累需要，当期老年人口领取养老金是根据劳动期内经济增长劳动贡献和养老保险缴费贡献而获得的养老回报。这种回报既要满足老年人口养老消费需求，同时也是对老年人口劳动期内初次分配不合理的补偿。推进城乡养老保险缴费一元化需要结合养老保险生命周期补偿规律，分阶段有步骤地实现。

2.5.1　养老保险生命周期理论

莫迪利亚尼和理查德·布拉格在 1954 年提出跨期消费函数理论，指出劳动者在当期消费水平不完全取决于当期收入，而且受以后各个时期预期收入、利率等因素影响。1986 年莫迪利亚尼在《生命周期、个人节俭和国家财富》中进一步阐述了消费的生命周期平滑规律，指出劳动者不会将当期劳动收入全部用于消费，而是根据对未来收入理性预期，进行生命周期范围内消费平滑。劳动者在劳动期内将收入划分为两部分：一部分用于消费；另一部分用于储蓄。在劳动者进入老年期，失去收入来源，劳动者利用劳动期储蓄满足消费需求，劳动者生命周期消费总现值与劳动期收入总现值相等。

生命周期理论的核心是典型消费者的财富生命周期收入再分配。作为理性人，典型消费者会选择平滑生命周期消费实现效用最大化。而现实条件下，部分消费者会体现出非理性特征，劳动期过度消费导致储蓄不足，无法负担老年期基本消费支出。养老保险作为国家强制实行的收入再分配制度，是制度决策对典型消费者个人决策的部分替代，现收现付养老保险制度要求劳动人口在劳动期进行必要的缴费，以获得老年期养老保险领取资格，个人账户养老保险制度要求劳动人口在劳动期进行养老保险缴费，通过缴费积累满足老年期基本养老需求。养老保险制度的实质是消费跨期平滑，具有生命周期特征。

2.5.2　养老保险生命周期财政补贴理论

根据养老保险生命周期理论，养老保险制度是对消费者收入的跨期平滑。老年人口领取的养老金本质上来源于劳动期劳动报酬收入，劳动报酬收入合理与否直接决定了老年人口领取养老金合理性。在劳动报酬分配合理性方面，马克思分配理论和新古典收入分配理论达成了按"劳动贡献"分配的共识，马克思提出收入分配"按劳分配"原则，而以柯布—道格拉斯理论为代表的新古典收入分配理论要求在财富总量中按劳动生产要素贡献分配。劳动报酬合理性与养老保险给付公平性之间具有跨期对应关系。根据刘易斯（1954）的二元经济理论，在工业化发展初期阶段，工业部门生产率显著提升，农业部门为工业部门源源不断地提供剩余劳动力，在此过程中迁移劳动力的劳动报酬不取决于边际劳动生产率，而是取决于就业收入，所以劳动报酬水平增长缓慢，与劳动贡献不匹配。同时，资本要素对工业化发展作用进一步强化，国民财富资本报酬分配挤占劳动报酬分配。劳动者的初次分配劳动报酬亏欠是为经济发展的个人福利牺牲，随着经济总量提升，应该对劳动者的劳动报酬亏欠予以跨期补偿，在劳动人口进入老年期内，通过国家财政进行养老保险补贴，保障其基本养老权益。劳动生产要素分配系数福利亏欠的财政转移支付补偿包括养老、医疗和公共服务等诸多方面，其中养老保险是主体部分，可将劳动生产要素分配系数福利亏依据养老消费需求，转化为养老保险财政补贴适度上限水平，以消费为中间变量将财政补贴延伸至福利层次。

2.5.3 社会养老保险生命周期补偿理论

根据收入分配劳动公平理论，工农业部门财富分配应当与就业结构相一致。而在工业化发展初期阶段，优先发展工业和农业支持工业的工农业偏斜发展模式导致财富分配偏向工业部门，造成农业部门劳动力福利亏欠。穆怀中（2012）提出二元农业福利差理论，将农业 GDP 与农业劳动力比重相一致定义为"均衡状态"，将农业 GDP 与农业劳动力比重现实对应关系定义为"现实状态"，"均衡状态"劳动报酬分配与"现实状态"劳动报酬分配之间的差值称为"二元农业福利差"。"二元农业福利差"是在工农业偏斜发展模式下对农业劳动力造成的福利亏欠，这种亏欠是农业劳动力为经济增长而进行的福利牺牲，在经济发展到一定阶段需要对福利亏欠进行补偿。穆杯中、沈毅（2012）进一步以"二元农业福利差"为依据，提出农民养老保险生命周期补偿理论，将农业劳动力福利亏欠在其进入老年期时，通过养老筹资财政负担予以补偿。"二元农业福利差"是初次分配福利亏欠的重要组成部分，农民养老保险生命周期补偿包含在养老保险生命周期财政补贴之内。在工业反哺农业时点，建立以缴费筹资财政负担为核心机制的农村养老保险制度，是福利补偿的要求，也是促进工农业均衡发展和缩小城乡收入差距的必要途径。

2.6　甘肃省社会养老保险体系研究框架构建

依据前文对社会养老保险的生存公平和劳动公平理论、养老保险城乡统筹与二元经济结构互动理论、养老保险生命周期补偿理论、养老保险缴费适度水平理论以及劳动人口赡养理论等基础理论的综合分析。笔者认为，除了对老年人丧失劳动能力后进行收入补偿外，还应对其失去生活能力后的服务给予一定程度的解决，因此应该加大对社会养老保险服务体系的建设，以尽可能地满足这些老年人口的养老服务需求。当前我国正处于城镇化和工业化的加速发展阶段，大量青壮年劳动力进入城镇工作，在农村留下了大量的留守儿童和老年人口，这些老年人口和留守儿童都需要相应的生活照料和教育机会。鉴于计划经济时期我国城镇居民社会养老保险制度相对健全，其社会养老服务也较易解决。相对于城镇居民，农村居民的社会养老保险待遇很低，其社会养老服务体系极不完善。尤其是西部欠发达地区，由于受经济发展水平的制约，即使城镇地区的养老服务都比较滞后，农村地区的养老服务更是一片空白。特别是在一些生态环境脆弱的集中连片贫困地区，社会养老服务更是无从谈起。尽管当前我国工业反哺农业已经入深度发展阶段，但相较于发达国家和我国东南沿海发达地区，中西部特别是西部地区由于受经济发展水平制约，其反哺力度还很有限，这几年主要依靠中央财政对西部地区的转移支付来推进相应的工业化和城镇化进程。这些地区的社会养老保险及服务体系建设事关我国城镇化和工业化进程的成败，也事关我国全面建设小康社会能否实现。因此，只有在我国西部地区特别是生态脆弱的贫困集中连片地区建立了相对完善的社会养老保险制度及服务体系，才能够有效地解决我国老年人口的养老问题，进而实现社会的和谐稳定，为完成党的"两个一百年"奋斗目标提供有力的支撑保障。

2.6.1 甘肃省社会养老保险体系的研究框架构建

鉴于西部地区生态环境在我国生态环境的地位极其重要，为了维护全国生态环境的良性循环，必须坚强我国西部地区生态环境的保护。因此，采取适宜的第二次收入分配方式对我国生态脆弱地区的城乡居民进行收入补偿，能够有效地解决生态脆弱地区人们为了生计而对生态环境的破坏。社会养老保险及服务体系作为第二次收入分配的重要组成部分，不仅能够解决城乡居民因年老失去劳动能力的收入中断问题，使老年人能够老有所养，同时也有利于社会稳定，促进社会经济可持续发展。甘肃省地处我国青藏高原区、蒙古高原区和黄土高原区的三大交汇地带，是典型的经济欠发达省份。因此，它在研究我国西部地区生态脆弱区和欠发达地区的社会养老保险体系中具有天然的优势。本书选取甘肃省就其适龄生育人口生育意愿，退休人口适宜年龄、社会养老保险一体化设计、社会养老保险适度支出水平和社会养老服务体系建设等进行研究。笔者认为，社会养老保险体系研究应以劳动人口的赡养负担为主线，从区域的视角入手，分析社会养老保险对城乡居民的生活影响及对居民经济支出的影响。基于甘肃省城乡居民自然灾害及经济承受能力等方面的约束，通过综合分析和多目标评估，分析甘肃省社会养老保险体系建设的重点和主要内容。根据对甘肃省社会养老保险体系的研究结论，为我国生态区域区城乡居民社会养老保险体系建设提出政策调整的建议，以利于生态脆弱区省会养老保险及服务体系的可持续发展（具体研究框架见图 2.1）。

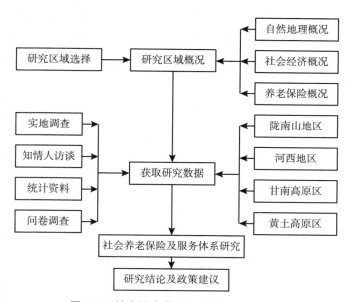

图 2.1　甘肃社会养老保险体系研究框架

2.6.2　甘肃省社会养老保险体系建设的主要内容

当前甘肃正处于城市化进程的加速发展阶段，且其人口年龄结构已处于老龄化社会阶段。与国外完成工业化后进入人口老龄化社会的国家或地区相比，甘肃属于典型的"未富先老"。由于甘肃的社会经济体制经历了一个从计划经济体制向市场经济体制转变的过程，针对一些群体甘肃已建立了与市场经济相适应的社会养老保险制度，而一些群体仍采用计划经济时代的养老保险制度，即使实行同一养老保险模式的不同群体其制度设计差异也较大。虽然我国学者对市场经济条件下社会养老保险的研究成果较多，但关于生态脆弱区社会养老保险及服务体系的研究成果还较少。因而就城市化进程背景下和城乡统筹目标下甘肃一体化的社会养老保险及服务体系进行研究显得尤为迫切和必要。本书通过构建甘肃城乡一体化的社会养老保险制度及服务体系，为我国社会养老保险及服务体系的健全和完善提供一些理论研究与实证分析的建议。社会养老保险及服务体系需要大量的人力、物力和财力等资源，而甘肃自身的经济发展相对于国内其他省市极为落后，社会和家庭不仅要承担老年人的养老和医疗问题，而且还要承担抚养及教育孩子的经济负担问题。"全面两孩"政策的实施在一定程度上加重了整个社会和家庭的老年人和少年儿童赡养负担，因此，本书就"全面两孩"政策实施后适龄人口的生育意愿在问卷调查、知情人访谈和相关统计数据的基础上进行分析，并与"独生子女"政策时适龄人口的生育行为进行对比。相对于当前劳动人口的退休年龄和人均预期寿命，我国居民特别是城镇居民享受社会养老保险的时间较长。目前我国的退休年龄加权平均还不到 60 岁，但我国的人均预期寿命已接近 80 岁，享受社会养老保险的时间长度达 20 年，不仅超过了发展中国家的社会养老保险待遇享受时间，甚至也超过了一些发达国家的享受期限。而与此相对应的是我国所有劳动人口缴纳社会养老保险的最短期限为累计 15 年，这必然导致养老保险基金的短缺问题。因此，本书就甘肃省适龄人口的生育意愿和退休年龄延迟设计进行分析，在此基础上，就甘肃省城乡社会养老保险一体化、社会养老保险适度支出水平、甘肃省社会养老服务的需求意愿进行研究。试图为甘肃省调整和完善社会养老保险制度及养老保险服务体系提供一些理论研究和实证分析的建议。主要研究内容如下。

（1）甘肃省适龄人口的生育意愿分析。鉴于当前我国严重失调的人口年龄结构和人口性别比例，本书首先就 1980～2015 年适龄人口的生育行为及影响因素进行了分析，其次就"全面两孩"政策时适龄人口的生育意愿及影响因素进行分析，最后通过对实施"独生子女"政策与"全面两孩"政策时适龄人口的生育意愿及影响因素的分析结果，有的放矢地提出切实可行的政策措施，以利于扭转我国失调的人口年龄结构和人口性别比例。由于 2016 年 1 月我国颁布了"全面两孩"政策，到 2017 年 1 月时该项政策整整实施了一年，一些堆积适龄生育人口的生育意愿和生育行为都能够较好地得到体现，且春节期间绝大多数流动人口也回家过春节，这更有利于该项研究问卷调查的顺利开展。因此，本书利用 2016～2017 学年的寒假期间作为问卷调查时间，并采用条件价值法设计调查问卷，结合知情人访谈和实地调查的数据资料和信息就甘肃省适龄人口的生育意愿进行分析。

（2）甘肃省延迟退休设计研究。相对于一些发达国家而言，这些国家在人口老龄化到来之前已经实现了工业化，其人均收入水平较高，而我国还正处于工业化和城镇化的加速发展阶段，人口老龄化加剧不仅对我国的社会养老带来严峻的挑战，而且还会延迟我国的工业化和城镇化进程。本书尝试依据当前我国的人均预期寿命、劳动者参加工作的初始年龄等就我国退休年龄标准延迟进行设计研究。试图为我国调整退休年龄标准提供相应的建议，以利于减轻因人口老龄化加速对我国养老保险造成的负担，进而推动我国社会经济的可持续发展。

（3）甘肃城乡一体化社会养老保险设计研究。由于甘肃省针对不同群体实施不同的养老保险制度，这不仅有违社会养老保险的公平化原则，还加深了社会养老保险的"碎片化"程度。本书拟从城乡统筹的视角构建针对全体社会成员的社会养老保险制度，并根据甘肃的财政收支状况和居民收入水平就一体化社会养老保险制度的筹资渠道、筹资比例、待遇按标准等进行设计。

（4）甘肃社会养老保险适度支出水平研究。鉴于社会养老保险支出水平对社会经济发展的影响较大，本书在构建甘肃城乡一体化社会养老保险的基础上，建立相关计量模型就其适度支出水平进行研究，厘定出甘肃在未来一定时间内社会养老保险的适度支出水平。

（5）甘肃城乡一体化养老服务体系研究。当前甘肃省养老服务体系发展不仅十分滞后而且在城乡间差异很大，本书立足于甘肃省情，充分整合甘肃的行政、社会、家庭等各种资源，创新养老服务模式，逐步建立起与甘肃省经济社会发展水平相适应、以居家养老为主、社会养老为辅的多元化、多层次的城乡一体化养老服务体系。

2.6.3 甘肃省社会养老保险体系建设的重点和方向

由于当前甘肃农村现实生产力水平低下且区域发展极不平衡，且农村社会养老保险及服务体系的建设还处于起步阶段。因此，本书只从当前甘肃省社会养老保险及服务体系的基础保障和基本保障方面着手，通过问卷调查和计量分析，得出了一些初步的结论。但从甘肃社会经济发展的长期趋势和养老保险及服务的本质要求来看，养老保险及服务的基本方向应当是：在全省甚至全国范围内建立起一个科学、稳定、规范的城乡一体化的养老保险及服务体系，使包括农村劳动者在内的全体社会成员在面临年老、疾病、丧失劳动能力以及其他风险而陷入困境时，能够得到最基本的生活保障或帮助，都能享受老有所养、病有所医、生有所靠，并逐步改善其生活福利，实现"全民皆保障"。鉴于生态脆弱区经济欠发达，且绝大部分人口为农村居民，只有实现了广大农村居民社会养老保险及服务体系的既定目标，整个生态脆弱区的社会养老保险及服务体系才能够达到预定目标。因此，还有待于从以下六个方面作更进一步的深入研究。

（1）医养服务统筹制度。截至目前，尽管还有待于完善和健全，但我国已建立了覆盖全体劳动者的社会医疗保险制度和社会养老保险制度，并针对社会养老服务颁布了相应的建设方案。但不管社会医疗保险制度还是社会养老保险制度，其服务体系都极不健全。当一些人群需要治疗时，除了医疗单位的人员服务外，还需要其他人员的照料服务，这些目前为止都由病人家属照料，导致因病致贫或因病返贫。随着我国社会经济的发展及医疗卫生事业的发展，我国的人均预期寿命会不断增加。这些老年人口特别是长寿人口许多都在需要生活照料的同时还需要及时的医疗护理。因此，应建立医养服务统筹制度，培育大量的医养服务人员，既能够解决这些老年人在年老时的医疗和生活护理问题，还能够解决当前我国一些中青年劳动者的就业问题，进而健全社会养老保险和社会医疗保险服务体系。

（2）农业保险制度。农业保险制度是为发展农业生产而实施的一项风险规避制度。由于农业在整个国民经济发展中的基础地位，又是一个弱质产业。农民不仅面临着难以预测的自然风险，同时还和其他产业一样面临着人身风险、市场风险等其他风险，这就要求农业生产的风险要由全社会共同来承担。因此，应该大力加强农业保险制度的建设，从而确保整个社会的粮食生产安全，稳步地提高农民的收入水平，激励他们积极地从事农业生产。

（3）农民工权益保障制度。随着我国城市化进程的加快，农村劳动力大量地向非农产业和城镇转移，这些农村劳动力已成为一个城市人口的重要组成部分。随着整个社会的进步和经济的快速发展，进城农民工将越来越多。就在进城农民工为城市经济发展做出巨大贡献的同时，他们自身的权益却没有得到应有的尊重和维护。主要表现在进城农民工的子女教育问题难以解决，拖欠和克扣工资现象突出，强迫农民工加班加点而没有支付相应的报酬等。因此，应该建立健全保障农民工权益的相关制度，进一步完善进程农民工各项权益的保障。

（4）农村计划生育奖励制度。计划生育奖励制度是针对我国人口众多的特殊国情而制定的一项是民心工程，也是进一步推动我国农村计划生育工作上新台阶的重要政策。建立健全完善的农村计划生育奖励制度，既可以有效地解决农村居民的后顾之忧，使农民群众坚定地支持农村计划生育制度，也可以使他们应有的权利得到相应的保障。

（5）农村开发扶贫制度农村社会扶贫是国家向贫困地区的农村居民以及因其他各种原因而造成一时难以维持基本生活的农村居民提供维持其基本生活的资金救济和其他各种援助。在此基础上，再通过帮助农村居民发展生产的方式提高他们的经济收入，最终依靠他们自身的发展来脱贫致富。也就是通过开发式扶贫的各种措施，逐步地实现农村贫困人口由通过国家的"输血"转变为依靠他们自身的发展进行"造血"。只有提高了这些贫困人口的自我发展能力，才能从根本上解决农村人口的贫困问题。

此外，在大力推行开发式扶贫的同时，还应根据甘肃各贫困地区的现实情况，因地制宜、因人而异地采取思想扶贫、教育扶贫、项目扶贫和移民扶贫等方式，并将这些扶贫方式设计在扶贫制度之中。

（6）农村社会福利制度。尽管目前甘肃农村的经济发展水平落后，农民收入水平较低，但甘肃随着农村经济的逐渐发展和农民收入水平的逐步提高，广大农村人口特别是一些经济条件较好地区的农村居民会对社会福利服务产生新的需求。他们将不仅仅限于满足基本的生活需求，在精神文明和政治文明等方面也会提出相应的要求。因此，应该建立健全农村社会福利制度，在满足广大农村居民基本生活需要的同时，不断地满足他们的文化、教育和娱乐等方面的需求，逐步提高农村居民的生活水平。

第 3 章

研究区域概况与研究内容

3.1 研究区域概况

由于社会养老保险体系涉及社会、经济、人口和地域等诸多方面，而不同区域间社会经济发展水平存在着很大差异，不同经济发展水平的地区和不同收入的人群对社会保障层次的需求有所不同，这就要求在制定社会养老保险体系时应根据各地区的实际情况因地制宜、因人而异地建立多层次、多方式、全方位的社会养老保险体系，对不同的区域和不同的人群实施不同的保障方式（尽管这样会增加实施的成本，但与要实现的目标相比，这些成本的增加显然是必要的），从而选取典型区域进行社会养老保险体系的实证研究就显得非常必要。甘肃省地处我国西部内陆地区，是一个生态功能特殊、生态地位极端重要、影响全国生态安全但生态环境又极其脆弱的区域。经济总体上欠发达，但区域内地域分异明显，西部河西地区农村经济发展水平较高，中部沿黄灌区农村经济发展水平适中，中东南部地区农村经济发展水平很低。由于我国东南沿海地区经济发展水平很高，中部地区也正在崛起，西部地区经济发展水平较低。因此，甘肃的这种地域分异在空间尺度和社会经济学特征上很适宜作为典型区域来研究中国生态脆弱区的社会养老保险问题。

3.1.1 自然地理概况

甘肃省位于中国西部，地处黄河上游，介于北纬32°11′~42°57′、东经92°13′~108°46′。东接陕西，南邻四川，西连青海、新疆，北靠内蒙古、宁夏并与蒙古人民共和国接壤。甘肃地貌复杂多样，山地、高原、平川、河谷、沙漠和戈壁交错分布。地势自西南向东北倾斜，区域内部地域分异明显。地形狭长，东西长1655公里，南北宽530公里。

（1）地貌特征。

由于甘肃地处我国蒙新高原、青藏高原和黄土高原三大高原的会合区域，在地质构造上属鄂尔多斯地台、阿拉善—北山地台、祁连山褶皱系和西秦岭褶皱系。高原和山地占很大比例，沙漠和戈壁分布广，是典型的山地形高原地貌。地势由西南向东北呈阶梯状下降，西南部的祁连山地和甘南高原平均海拔3000米以上，最高峰为祁连山主峰团结峰，海拔5808米。东北面属黄土高原向荒漠的过渡地带，海拔均低于1000米。按其地貌特征及地质构造成因大致可分为陇南山地、陇中黄土高原、甘南高原、祁连山地、河西走廊和北山山地六大区域：第一，陇南山地，为秦岭山地向西延伸部分，在构造上属西秦岭褶皱系，平均海拔由东部的1500米上升到西部的3500米，地形以山地和丘陵为主，地势西高东低。第二，陇中黄土高原，位于陇南山地以北，东起甘、陕省界西至乌鞘岭，在构造上属鄂尔多斯地台、祁连山褶皱系和西秦岭褶皱系的交接地段，海拔西南高东北低，先西南部的 1500 米依次上升至中部的 2200 米而后降至东北部的不足 1000 米。由于沉积了厚逾百米的黄土层，且黄土具有垂直节理的特性，容易造成水土流失。长期的河水径流侵蚀使其被分割成塬、梁、峁与坪、川、沟壑等多级阶状地貌，地形支离破碎，千沟万壑，多黄土梁和黄土咀（峁）。又因祁连山余脉插入本区，故有各种石质山岭，因河流侵蚀，形成峡谷和盆地相间分布的格局。第三，甘南高原，属青藏高原东部边缘的一部分，在构造上属西秦岭和东昆仑两地槽褶皱系的联结地段。地势大致西高东低，海拔从东部的 3500 米左右逐渐向西增高到 4000 米以上，本区除与岷山与迭山交接地段外，地势基本平坦开阔，高原面的相对高度在 300 米以内。第四，祁连山地，东起乌鞘岭西止当金山口，在构造上属于祁连山褶皱系及阿尔金山断块，祁连山地由一系列呈西北—东南走向平行山岭和山间盆地组成。海拔在 3000~4500 米以上，海拔 4000 米以上的许多地区终年积雪，发育着现代冰川。第五，河西走廊，位于祁连山地以北，走廊北山以南，东起乌鞘岭，西止甘、新边界，在构造上主要属祁连山前拗陷带，地势自东向西，由南向北倾斜，大部海拔为 1000~1500 米。走廊之内，大黄山、黑山和宽台山等山把它分为三个主要区域，每个区域又与一个较大的内流河流域相对应。自东而西有武威、永昌平原属石羊河流域，酒泉平原属黑河流域，玉门、敦煌平原属疏勒河流域。第六，北山山地为一系列断续的中山，在构造上属阿拉善—北山地台边缘的隆起带。山地呈西北—东南走向，海拔为 1500~2500 米，相对高度为 500~1000 米。

（2）气候、水文。

由于深居内陆，甘肃具有明显的温带大陆性季风气候特征。气候干燥、光照充足、太阳辐射强。年平均气温在 0~14℃之间，河西走廊年平均气温为 4℃~9℃，祁连山区 0℃~6℃，陇中黄土高原为 5℃ ~ 10℃，甘南高原 1℃ ~ 7℃，陇南山地 9℃ ~ 15℃。年日照时数为 1700 ~ 3300 小时，河西走廊年日照时数为 2800 ~ 3300 小时，是日照最多的地区。陇南山地为 1700 ~ 2300 小时，是日照最少的地区。陇中黄土高原与甘南高原为 2100 ~ 2700 小时。冬春干旱而少酷寒，夏季多暴雨而冷暖变化大，年降水变率在 42 ~ 760 毫米之间。降水量和河流流量各地分布差异很大，降水各季分配不匀，主要集中在 6 ~ 9 月。降水量与作物需水量在时间和空间上的严重错位使干旱成为最主要的气象灾害。干热风和沙尘暴灾害也较重，大风日数每年有 3 ~ 69 天，沙尘暴日数为 1 ~ 37 天，大风和沙尘暴主要危害河西走廊地带、陇中黄土高原北部。此外，暴雨、冰雹、霜冻和干热风也是不可忽视的气象灾害，给当地工农业生产和国民经济发展带来很大困难。

甘肃水资源贫乏，多年水资源总量 294.9 亿立方米，其中资产地表水资源 286.2 亿立方米，平均年径流深 62.0 毫米，只有全国的 22.8%。全省人均水资源占有量 1150 立方米，约为全国平均水平的 1/2，亩均水资源拥有量仅为全国的 1/5。多年平均降雨量 301.8 毫米，不足全国平均水平的 1/2，且有 70% 以上的面积处于干旱半干旱和极端干旱区。水资源不仅相当贫乏，而且时空分布极其不均。在季节上，汛期 6 ~ 9 月的来水量占全年径流量的 62.2%，且多为暴雨洪水，绝大部分水量难以利用。3 ~ 5 月农业灌溉临界期，灌水用量占全年的 45% 以上，可天然自来水只有年径流量的 15.4%。与此同时，水资源与人口区域和耕地的分布也极不适应，全省水资源的 32.1% 分布在甘南藏族自治州，可该地区的人口和耕地分别仅占全省的 2.5% 和 2.3%。兰州市人口占全省的 12.5%，水资源拥有量仅占 0.9%。定西市耕地占全省的 14.8%，可水资源量仅占 4.9%。内陆河 5 市虽然人均、亩均水资源拥有量分别为 1403 立方米和 498 立方米，但沙漠绿洲生态需要大量水分维持，人均、亩均水资源占有量实际很少。

（3）土壤、植被。

甘肃的土地资源丰富，全省总土地面积 45.44 万平方公里（据国务院勘界结果为 42.58 万平方公里），居全国第 7 位，折合4544 万公顷。其中，耕地为 462.47 万公顷，园地 20.54 万公顷，林地 518.25 万公顷，牧草地 1410.84 万公顷，其他农用地129.69 万公顷，水利设施用地 2.87 万公顷，未利用地 1849.99万公顷，其他用地 58.76 万公顷。人均占有土地 1.75 公顷，人均占有耕地 0.18 公顷，比全国人均占有量高出一倍多。山地多，平地少，且土壤贫瘠。全省山地和丘陵占总土地面积的 78.2%。全省土地利用率为 58.03%，41.97% 的土地尚未利用。

根据土地的综合利用特点以及自然和人为因素的交互作用，全省土地可以划分为四大类型：第一，陇南山地区，水资源相对较多，但山高沟深，多为陡坡地，水土流失严重。耕地少且分散，发展水浇地的投资效益很差。土壤主要有黄棕壤、灰钙土、灰白土、棕壤土和褐土等类型。第二，黄土高原区，该区耕地面积较多，但多为黄土丘陵，旱地多，水浇地少。作物生长期间降水严重不足。主要土壤有黄褐土、灰褐土、黑垆土、黄绵土、灰钙土、山地灰竭土、栗钙土、棕壤土和棕钙土等类型。第三，甘南高原区，该区地域辽阔，盆地峡谷交错分布，总体上地势平坦。但气候高寒、阴湿，耕地面积少，不适宜于进行农业生产。主要土壤有高山寒漠土、亚高山草甸土、褐土、沼泽土、草甸土和潮土等类型。第四，河西地区，虽然土地辽阔，地势平坦，耕地面积大。但干旱少雨，水资源相对紧缺，农业生产几乎完全受制于祁连山地的冰雪融水。主要土壤有黑垆土、黄绵土、棕钙土、黑钙土、灰漠土、灰棕漠土、盐山、灌耕土和风沙土等类型。

　　由于受纬度、气候、土壤和地貌等自然因素的影响，植被呈明显的地带性分布特征：第一，常绿阔叶、落叶阔叶混交林地带。主要分布在陇南山地区，植被为以亚热带树种和常绿栎类组成的常绿阔叶和落叶阔叶混交林等为主。第二，落叶阔叶林地带，分布在北秦岭和徽成盆地。主要植被有黄连木、侧柏、油松、华山松和次生草灌丛等。第三，森林草原地带，是温暖带落叶阔叶林向草原过渡的地带。主要分布在临夏、康乐、渭源、秦安、平凉和庆阳一线以南。由于人为的破坏，天然植被已残缺不全，只在沟壑边缘或名胜古迹附近尚可见到残存森林植被，而广大的荒山荒坡则是以酸刺和黄白草等为主的灌丛草原或草原。第四，草原地带，主要分布在兰州市、靖远县至环县一线以南地区。自然植被只残留在黄土荒坡和石质山岭，陇东黄土区以大针茅和长芒草等为主，陇西黄土区以蒿属、百里香和长茅草等为主，车道岭、华家岭以北以阿盖蒿、长芒草和短花针茅等为主。石质山地有以青秆、山杨和白桦等为主的森林，以杜鹃属为主的高山常绿灌丛和高山草甸等。第五，荒漠草原地带，大致为大景、营盘水一线以南的畜牧业地区。本带南部植被以红砂、阿盖蒿、三裂艾菊、短花针茅和驴驴蒿等为主，北部植被则以盐爪爪、含头草和油蒿等为主。第六，荒漠地带，包括河西走廊以及阿尔金山以南的苏干湖盆地与哈勒腾河谷。由于气候干燥，形成戈壁沙漠，植被稀疏，结构简单，种类贫乏，呈现典型的荒漠植被特征，植被只要以沙生针茅、短花针茅、伴生驴驴蒿和旱生蒿等为主。

　　（4）区域内地域分异明显。

　　甘肃地势自西南向东北倾斜，平均海拔由祁连山地和甘南高原的 3000 米以上到陇中黄土高原的 1500～2000 米终止在河西西北部的 1000 米以下。在一定的范围了表现出了热量从西南向东北倒置的特征，更在年降水量和地表径流方面展示了这种差异，年降水量由陇南山地的年均700毫米以上依次向陇中黄土高原丘陵地区的400~500毫米再到河西北部荒漠地带的40毫米以下。反映在植被特征上，是自陇南山地和甘南高原的常绿阔叶、落叶阔叶混交林向陇中黄土高原的灌丛草原或草原到河西北部荒漠草原甚至荒漠的转变。反映在地貌上，则是自南部的高原、山地向中部的黄土丘陵到北部的沙地变化。体现在气候上，主要表现为从南向北依次为陇南的北亚热带与暖温带湿润区，甘南高寒湿润区，祁连山地高寒半干旱、半湿润区，陇中暖温带半湿润与温带半干旱区，河西温带、暖温带极干旱区过渡。从东到西依次为陇东暖温带干旱半干旱区到河西极干旱区的转变。因此，甘肃按其地域分异可以划分为河西地区、黄土高原区、甘南高原区和陇南山地区四大类区域。

3.1.2 社会经济概况

（1）城乡居民收入消费概况。

甘肃省设兰州市、嘉峪关市和金昌市等12个地级市和临夏回族自治州、甘南藏族自治州两个自治州，有4个县级市、58个县、7个民族自治县和17个市辖区。2015年年末，国民生产总值达到7152亿元，人均国内生产总值为2.74万元。总人口为2610万人，其中城镇常住人口1166万人，占常住人口的44.69%；乡村人口1444万人，占常住人口的55.31%。全年城镇居民人均可支配收入25694元，城镇居民人均消费支出19539元；农村居民人均可支配收入7457元，农村居民人均消费支出7487元。城乡收入差距大于全国3：1的差距，接近于4：1，消费差距达3：1。境内有54个少数民族成分，少数民族总人口240万人，占全省总人口的9.1%。其中，东乡族、裕固族和保安族为甘肃独有的民族。

　　由于地处我国腹心地带，缺乏便捷的对外开放条件，从而使甘肃处于极为不利的地理空间区位。一方面，这限制了甘肃经济从商业起步，加速积累资本和优先进入工业化经济的外部市场条件；另一方面，这种区位条件在制约区域环境、经济发展机会的同时，又在人们的思想观念、社会习惯以及政府与企业管理体系上造成自我封闭、遇事保守、缺乏闯劲和瞻前顾后的社会环境制约。这两方面相互结合，互为助长，在更大范围与程度上限制了甘肃经济，特别是农业产业高级化发展的可能性。2016 年甘肃农民年人均纯收入 7457 元，其中低于 7000 元的市（州）有 5 个，占市（州）总数（14 个）的 35.7%，最低的陇南市农民人均纯收入仅为 5088 元。按照年人均 3000 元的贫困标准，2016 年甘肃农村贫困人口 552 万人，占整个农村人口总数的 37.4%。随着国家对"三农"问题的关注，农民家庭人均纯收入虽然有所提高，但与全国农民生活平均水平的差距仍在继续拉大（见表 3.1）。

表 3.1　　　2000 ~ 2016 年甘肃城乡居民人均收支状况

年份	城镇居民家庭人均收支状况			农村居民家庭人均收支状况		
	可支配收入（元）	消费性支出（元）	收支比	可支配收入（元）	消费性支出（元）	收支比
2000	4916	4123	1.19	1429	1346	1.06
2001	5383	4420	1.22	1507	1417	1.06
2002	6151	5082	1.21	1590	1498	1.06
2003	6657	5673	1.17	1673	1582	1.06
2004	7377	6324	1.17	1852	1667	1.11
2005	8087	6817	1.19	1980	1832	1.08
2006	8921	7376	1.21	2134	1963	1.09

年份	城镇居民家庭人均收支状况			农村居民家庭人均收支状况		
	可支配收入（元）	消费性支出（元）	收支比	可支配收入（元）	消费性支出（元）	收支比
2007	10012	7925	1.26	2329	2112	1.10
2008	10969	8307	1.32	2724	2401	1.13
2009	11930	8891	1.34	2980	2766	1.08
2010	13189	9895	1.33	3425	2942	1.16
2011	14989	11189	1.34	3909	3665	1.07
2012	17157	12830	1.34	4507	4261	1.06
2013	18965	14021	1.35	5108	4850	1.05
2014	20804	15507	1.34	5736	5272	1.09
2015	23767	17451	1.36	6936	6830	1.02
2016	25694	19539	1.32	7457	7487	1.00

资料来源：甘肃省统计局《甘肃发展年鉴》（2001～2017），北京：中国统计出版社。

（2）甘肃省财政收支概况。

建立完善的社会养老保险体系，自然是要花钱。没有有效的资金保障，养老保险是无法发挥作用的。因此，为了加速完善社会养老保险体系，极有必要尽快健全稳定的资金筹措机制，确保社会养老保险资金的供给。但是甘肃省落后的经济导致了财政收支的入不敷出，2016年，甘肃大口径财政收入为1079.9亿元，占同期甘肃国内生产总值7152亿元的19.12%。财政收入占甘肃国内生产总值的比重低于全国22.5%的平均水平，远远低于东南沿海发达省份（见表3.2）。与此同时，财政支出的压力非常巨大。2015年，甘肃的财政支出为2059.56亿元，财政赤字则高达979.66亿元。近几年，财政支出的增长率不仅远远高于同期甘肃国内生产总值的增长率，也高于同期甘肃财政收入的增长率。这样，依靠甘肃自身的经济实力来解决农村最低生活保障资金显然是不现实的。因此，建立以中央财政为主的社会养老保险体系，不仅是区域协调发展的客观要求，更是生态环境恢复的要求。

表 3.2 　　　　　　　2000～2015 年甘肃财政收支状况

年份	财政收入 （亿元）	财政支出 （亿元）	收支 比例	年份	财政收入 （亿元）	财政支出 （亿元）	收支 比例
2000	108.4	188.2	0.57	2008	470.90	968.40	0.48
2001	124.1	235.5	0.52	2009	603.98	1246.28	0.49
2002	150.3	274.0	0.54	2010	745.25	1468.58	0.51
2003	177.2	300.0	0.59	2011	933.62	1791.24	0.52
2004	215.9	356.9	0.60	2012	1079.90	2059.56	0.52
2005	254.6	429.3	0.59	2013	1144.01	2308.22	0.50
2006	295.0	528.6	0.55	2014	1234.54	2538.41	0.49
2007	391.9	675.3	0.58	2015	1386.32	2964.63	0.48

资料来源：甘肃省统计局《甘肃发展年鉴》（2001～2016），北京：中国统计出版社。

3.1.3 社会养老保险体系建设概况

随着国家养老保险制度的发展和改革，我国的养老保险事业取得了长足的发展。在国家制度政策支撑下，甘肃省作为西部欠发达省份，社会养老保险体系不断健全和完善。按照"统账结合"的原则，建立基本养老保险社会统筹和个人账户相结合的制度模式，养老保险覆盖范围不断扩大，养老保险管理不断规范，社会化管理服务水平显著提高。截至 2015 年年底，已建立了针对城镇企业职工、机关事业单位人员以及城镇灵活就业人员和农村居民的以"社会统筹＋个人账户"为基本模式的"大一统"社会养老保险制度，社会养老保险覆盖了全体在职劳动者。社会养老金待遇按时足额发放、养老金调待标准逐年提高。为促进甘肃经济发展、实现富民兴陇、构建和谐社会、全面建成小康社会目标发挥了重要作用。

（1）城乡居民社会养老保险制度。

为建立健全城乡社会养老保险体系，保障城乡居民基本生活，促进城乡社会协调发展，根据《国务院关于建立统一的城乡居民基本养老保险制度的意见》的精神，结合甘肃省实际，制定城乡居民社会养老保险制度。城乡居民基本养老保险制度坚持"全覆盖、保基本、有弹性、可持续"的方针。坚持从城乡居民收入实际出发，筹资标准、待遇标准与经济发展和各方面承受能力相适应；个人（家庭）、集体、政府合理分担责任，权利与义务相对应；政府主导和居民自愿相结合；有利于与村干部养老保险、被征地农民养老保险和城乡其他社会保险制度相衔接的原则。实行个人缴费、集体补助、政府补贴相结合的筹资方式。缴费标准设为每年 100 元、200 元……2000 元 12 个档次。参保人自主选择档次缴费，多缴多得，长缴多得。有条件的村（社区）集体应当对参保人员缴费给予补助。省级财政按照实际参保缴费人数，对参保人缴费给予补贴，对选择 100~400 元档次缴费的，每人每年补贴 30 元；对选择 500 元及以上档次缴费的，每人每年补贴 60 元。有条件的市州、县市区人民政府建立多缴多补激励机制，对选择较高档次缴费的参保人员给予适当补贴。政府为每个参保人员建立终身记录的养老保险个人账户。个人账户储存额按国家规定计息。城乡居民基本养老保险待遇由基础养老金和个人账户养老金组成，支付终身。对已年满 60 周岁及以上人员，未享受国家规定的基本养老保险待遇的有户籍的老年人不用缴费，可以按月领取城乡居民基本养老保险基础养老金。政府为符合领取城乡居民基本养老保险待遇条件的参保人员全额支付基础养老金。个人账户养老金月计发标准为个人账户全部储存额除以139。省政府根据经济发展和物价变动等情况，适时调整提高基础养老金标准。截至 2015 年年底，参加城乡居民基本养老保险人数1236 万人，参保人数占应参加人数的比例高达 90% 以上。

（2）城镇企业职工基本养老保险制度。

为保障甘肃省城镇企业职工离退休、退职后的基本生活需要，根据《国务院关于深化企业职工养老保险制度改革的通知》的精神，结合甘肃省实际，制定了甘肃省城镇企业职工基本养老保险制度。该制度覆盖范围为甘肃省范围内的各类城镇企业（国有企业、股份制企业、集体企业、港澳台及外商投资企业、联营企业、私营企业）职工、个体工商户及离退休、退职人员。个人缴纳养老保险费。职工按本人上一年度月平均工资为个人缴费工资基数。月平均工资应按国家统计局规定列入工资总额统计的项目计算，其中包括工资、奖金、津贴、补贴等收入。月平均工资超过本省上年职工平均工资 300% 以上的部分，不计入个人缴费工资基数；低于本省上年职工平均工资 60% 的，按 60% 计入。个人按本人基本工资的 8% 缴纳养老保险费，企业按个人工资的20% 缴纳养老保险费。基本养老金由社会性养老金和个人账户养老金两部分组成，按月支付。其中基础养老金标准为当地职工上年度月平均工资的 20%，个人账户发放标准为个人和企业累缴资金及其他各种收入的总和除以 120。截至 2015 年年末，参加甘肃省城镇企业职工基本养老保险的人数为 306 万人，站因通过参保人数的比例达 95% 以上，基本上实现了全覆盖。

（3）机关事业单位人员养老保险制度。

为统筹城乡社会养老保险体系建设，建立更加公平、可持续的养老保险制度，根据《国务院关于机关事业单位工作人员养老保险制度改革的决定》《国务院办公厅关于印发机关事业单位职业年金办法的通知》和《人力资源社会养老保险体系部财政部关于贯彻落实〈国务院关于机关事业单位工作人员养老保险制度改革的决定〉的通知》的精神，结合甘肃省实际，2015 年 10 月甘肃省政府制定了机关事业单位人员养老保险制度。机关事业单位工作人员实行社会统筹与个人账户相结合的基本养老保险制度，基本养老保险费由机关事业单位和参保人员个人共同负担。机关单位（含参公管理的单位）参保人员的个人缴费工资基数包括：本人上年度工资收入中的基本工资、国家统一的津贴补贴（艰苦边远地区津贴、警衔津贴、海关津贴等国家统一规定纳入原退休费计发基数的项目）、规范后的津贴补贴（地区附加津贴）、年终一次性奖金。事业单位参保人员的个人缴费工资基数包括：本人上年度工资收入中的基本工资、国家统一的津贴补贴（艰苦边远地区津贴等国家统一规定纳入原退休费计发基数的项目）、绩效工资。其余项目暂不纳入个人缴费工资基数。参保人员个人缴费工资基数超过本省上年度在岗职工平均工资 300% 以上的部分，不计入个人缴费工资基数；低于本省上年度在岗职工平均工资 60% 的，按 60% 计算个人缴费工资基数。总投保费率为 28%，其中个人缴纳 8%，工作单位缴纳 20%；除此之外，还需要缴纳相应的职业年金，占职工工资逼得 12%，其中个人缴纳比例为 4%，工作单位缴纳比例为 8%。改革全省机关事业单位工作人员退休后的退休费计发办法，实行"老人"老办法，"新人"新制度，"中人"逐步过渡。养老保险待遇计发标准 = 基本养老金 + 职业年金待遇。其中，基本养老金 = 基础养老金 + 个人账户养老金。个人账户养老金 = 退休时本人基本养老保险个人账户累计储存额除以计发月数。根据职工工资增长和物价变动等情况，统筹安排机关事业单位和企业退休人员的基本养老金调整，逐步建立兼顾各类人员的养老保险待遇正常调整机制，分享经济社会发展成果，保障退休人员基本生活。

（4）甘肃省社会养老服务体系建设概况。

截至 2016 年年底，甘肃省 65 岁及以上老年人口 271 万人，占全省总人口的 10.36%。而甘肃是一个农业比重较大的省份，农村人口占全省人口的 60% 以上。在 2610 万人常住人口中，65 岁以上老人中城市有 68 万人，农村有 193 万人，老年人口主要集中在农村。当前甘肃省社会养老服务体系发展十分滞后，不能满足日益增长的养老服务需求，不能适应迅速发展的老龄化形势。省、市、县三级还没有完全建立养老服务事业发展投入保障长效机制，各级养老服务基础设施建设仅靠政府少量的资金投入和数量不多的福利彩票公益金资助建设。截至 2016 年年底，全省各类老年福利机构 693 个，床位 21742 张，占全省老年总人数的 0.71%，收养各类人员 13865 人，利用率 63.8%。其中：城市养老服务机构 73 个（公办 49 个 ［社会福利院 23 个］、民办 24 个），床位 7935 张（社会福利院 2672 张、民办养老机构 2914 张），年末收养老年人 4701 人；农村养老服务机构 614 个，床位 13449 张，年末收养老年人 8992 人；光荣院 3 个，床位 58 张，年末收养老年人 14 人；荣誉军人康复医院 1 个，床位 50 张，年末收养老年人 21 人；复员军人疗养院 2 个，床位 250 张，年末收养老年人 137 人。在调研中发现，随着人口老龄化和社会主义市场经济的不断发展，人口的流动性愈发频繁，空巢家庭日益增多，导致对社会化养老服务的需求越来越大。但全省现有养老服务业状况不能满足需要，已远远落后于人口老龄化迅速发展的形势，主要表现在：第一，规模小，设施落后。第二，社会化程度较低。第三，贫困老年人不同程度存在养老保障问题。第四，社区养老服务开展不平衡。第五，制度建设不够完善。建设标准、服务规范、行业自律和市场监管有待加强，专业化、标准化、规范化建设有待提高。第六，运行机制还不够灵活。公办福利机构较多，民办非营利机构较少，机构类别单一，缺乏优胜劣汰的竞争机制，不利于服务水平的提高。第七，人才匮乏。医疗、护理和专业管理人才严重不足，服务人员工资和福利待遇偏低，人员培训工作难度较大，行业整体缺乏竞争力和发展后劲。

3.2 实证研究内容

当前甘肃正处于城市化进程的加速发展阶段，且其人口年龄结构已处于老龄化社会阶段。与国外完成工业化后进入人口老龄化社会的国家或地区相比，甘肃属于典型的"未富先老"。由于甘肃的社会经济体制经历了从计划经济体制向市场经济体制转变的过程，针对一些群体甘肃已建立了与市场经济相适应的社会养老保险制度，而一些群体仍采用计划经济时代的养老保险制度，即使实行同一养老保险模式的不同群体其制度设计差异也较大。虽然我国学者对市场经济条件下社会养老保险的研究成果较多，但关于全体居民社会养老保险一体化的研究成果还较少。因而本书就城市化进程背景下甘肃一体化的社会养老保险及服务体系进行研究显得尤为迫切和必要。通过研究本书构建起甘肃城乡一体化的社会养老保险制度及服务体系，并建立计量模型就甘肃城乡一体化社会养老保险的适度支出水平进行研究，为甘肃省调整和完善社会养老保险制度及养老保险服务体系提供一些理论研究和实证分析的建议。具体研究内容如下。

（1）甘肃省适龄人口的生育意愿分析。鉴于当前我国严重失调的人口年龄结构和人口性别比例，首先就 1980～2015 年期间适龄人口的生育行为及影响因素进行了分析，其次就"全面两孩"政策时适龄人口的生育意愿及影响因素进行分析，最后通过对实施"独生子女"政策与"全面两孩"政策时适龄人口的生育意愿及影响因素的分析结果，有的放矢地提出切实可行的政策措施，以利于扭转我国失调的人口年龄结构和人口性别比例。2016 年 1 月我国颁布了"全面两孩"政策，到 2017 年 1 月时该项政策整整实施了一年，一些堆积适龄生育人口的生育意愿和生育行为都能够较好地得到体现，且春节期间绝大多数流动人口也回家过春节，这更有利于该项研究问卷调查的顺利开展。因此，本书利用 2016～2017 学年的寒假期间作为问卷调查时间，并采用条件价值法设计调查问卷，结合知情人访谈和实地调查的数据资料和信息就甘肃省适龄人口的生育意愿进行分析。

（2）甘肃省退休年龄延迟设计研究。相对于一些发达国家，这些国家在人口老龄化到来之前已经实现了工业化，其人均收入水平较高，而我国还正处于工业化和城镇化的加速发展阶段，人口老龄化加剧不仅对我国的社会养老带来严峻的挑战，而且还会延迟我国的工业化和城镇化进程。本书尝试依据当前我国的人均预期寿命、劳动者参加工作的初始年龄等就我国退休年龄标准延迟进行设计研究。试图为我国调整退休年龄标准提供相应的建议，以利于减轻因人口老龄化加速对我国养老保险造成的负担，进而推动我国社会经济的可持续发展。

（3）甘肃城乡一体化社会养老保险设计研究。由于甘肃省针对不同群体实施不同的养老保险制度，这不仅有违社会养老保险的公平化原则，还加深了社会养老保险的"碎片化"程度。本书拟从城乡统筹的视角构建针对全体社会成员的社会养老保险制度，并根据甘肃的财政收支状况和居民收入水平就一体化社会养老保险制度的筹资渠道、筹资比例、待遇按标准等进行设计。

（4）甘肃社会养老保险适度支出水平研究。鉴于社会养老保险支出水平对社会经济发展的影响较大，本书在构建甘肃城乡一体化社会养老保险的基础上，建立相关计量模型就其适度支出水平进行研究，厘定出甘肃在未来一定时间内社会养老保险的适度支出水平。

（5）甘肃城乡一体化养老服务体系研究。当前甘肃省养老服务体系发展不仅十分滞后而且在城乡间差异很大，本书立足于甘肃省省情，充分整合甘肃的行政、社会、家庭等各种资源，创新养老服务模式，逐步建立起与甘肃省经济社会发展水平相适应、以居家养老为主、社会养老为辅的多元化、多层次的城乡一体化养老服务体系。

3.3 研究方法和资料获取

3.3.1 研究方法

运用恰当的方法研究社会经济问题是研究工作是否成功的关键所在。在研究社会养老保险体系时，本书将运用规范分析和实证分析相结合、历史与逻辑相统一的研究方法。规范分析主要集中于理论体系的构建和政策选择上，在理论体系的构建中运用公共管理学、计量经济学、社会统计学、社会调查方法等分析工具与方法进行深入研究。实证分析将采用基本的计量研究方法，以2015 年和 2017 年甘肃各地农村社会经济统计资料和笔者调查资料为依据，对甘肃的社会养老保险体系进行研究。为市场经济体制下甘肃省调整和完善社会养老保险体系制度找到现实依据，并为将来全国社会养老保险的一体化提供理论依据。

3.3.2　资料获取

本书研究的数据资料来自以下三个方面。

（1）原始资料数据，主要通过寒假期间的两次问卷调查来完成。

首先根据甘肃省社会经济状况和传统文化乡俗状况，将甘肃省划分为四大类区域，分别为黄土高原区、陇南山地区、甘南高原区和河西地区。然后在每个区域选取几个市县区。在黄土高原区选取临夏县、榆中县、秦安县、泾川县和宁县，在陇南山地区选取漳县、武都区和成县，在甘南高原区选取合作市、玛曲县和夏河县，在河西地区选取敦煌市、金塔县、山丹县、凉州区，以这 15 个市县区作为甘肃适龄人口生育意愿和社会养老服务问卷调查的代表地区。最后在每个市县区选取一个乡镇，在每个乡镇选取三个自然村组，在每个村组选取家有年龄在 60 岁以上的家庭进行问卷调查。样本总量分布在 15 个乡（镇）和 45 个自然村组。通过兰州财经大学家在选取乡镇学生入户调查方式共计发放问卷 900 份，最后得到能够反映研究内容的有效问卷 671 份（见表 3.3）。

表 3.3　　　　　　　　　　样本村组的分布状况

调查区域	市县区（个）	乡镇（个）	村组（个）	户数（户）
黄土高原区	5	5	15	300
陇南山地区	3	3	9	180
甘南高原区	3	3	9	180
河西地区	4	4	12	240

资料来源：笔者问卷调查。

第一阶段——实地调查的初步展开。笔者根据研究内容的需要，设计了预调查问卷，通过两天的预调查，共收集了 23 份访谈样本，并对预调查样本进行分析。为了进一步揭示问题，获取可量化的代表性数据，笔者根据实际情况，设计了一份正式调查问卷。希望得到有关农民人均收入和社会养老保险体系等方面的具体数据。

第二阶段——实地调查的正式展开。笔者先后在选取的自然村进行深入调查，走访了 900 户农民家庭，获得有效问卷 671 份。掌握了农户的家庭基本情况、经济收入、社会养老保险体系等方面的具体数据。

问卷调查选取的自然村规模大小不等。最大的自然村全村共有农户 97 户。最小的自然村全村共有农户 42 户。调查农户当年年人均纯收入为 7108 元，和当年甘肃农民年人均纯收入 6830 元的水平相当，调查农户的收入水平基本上代表了甘肃农村居民的收入水平状况。调查农户中年人均纯收入最高的为金塔县营泉村的一养殖专业户，当年年人均收入为 24370 元。最低的为临夏县三里铺村的一农业户，当年年人均收入仅为 1183 元。

被调查的 671 个农户平均人口为 4.56 人，以 4 人、5 人和 6 人之家最多，其中家庭人口最少的只有 2 人，最多的有 9 人（见表 3.4）。1/2 以上是农业户，专业户、职工家属户和干部户等农户所占比例还不到一半。户均劳动力 2.47 人，户均拥有耕地 10.4 亩。

表 3.4　　　　　　　　　调查农户家庭人口分布

家庭人口（个）	1	2	3	4	5	6	7	8	9
样本户数（个）	0	56	83	175	163	139	29	22	4
户数比例（%）	0	8.3	12.5	26.1	24.3	20.7	4.3	1.5	0.6

资料来源：笔者问卷调查。

　　另外，还根据研究目标的需要，采取了主要知情人访谈作为问卷调查的补充。

　　主要知情人访谈，目的是获取特定的知识和信息。访谈的对象是村领导、社会养老保险体系实施人员及村里年长者。了解适龄人口生育意愿和各类社会养老保险制度的实施情况，村里社区的基本情况和发展中存在的问题，村里的自然环境和社会经济历史发展变化。

　　（2）甘肃社会经济发展和社会养老保险数据资料。

　　通过与甘肃省人力资源与社会保障厅、甘肃省民政厅、甘肃省扶贫办、甘肃省统计局以及各市（州）统计局、民政局和一些乡政府、村民委员会负责社会养老保险方面的人员座谈，增加对研究区域经济社会发展历史和现状的认识，初步了解当地社会养老保险的状况，掌握研究甘肃社会养老保险体系必需的二手资料（表 3.5）。

表 3.5　　　甘肃农村社会经济和社会养老保险体系数据资料的来源与类型

机构或组织	信息、资料和数据的内容与类型
甘肃省扶贫办	农村贫困详细数据
甘肃省人力资源与社会保障厅	社会养老保险数据
甘肃省民政厅	最低生活保障和养老保障详细数据
甘肃省统计局	全省社会经济发展的统计数据
各市（州）统计局	各市（州）社会经济发展的有关统计数据
各市（州）民政局	各市（州）社会养老保险数据
乡政府、村民委员会	当地人口资料、耕地、人均收入和社会养老保险等数据

（3）中国社会经济发展和社会养老保险数据资料。

中国社会经济发展的主要数据指标如 GDP、城乡居民收入、财政收支等均来源于《中国统计年鉴（2016）》和相关的权威期刊。中国社会养老保险支出、社会保险基金以及财政对社会养老保险的补贴水平等均来源于《国家民政事业发展统计公报(2016)》、《中国 2016 年国民经济和社会发展统计公报》和其他相关的资料文件。

第 4 章

甘肃省适龄人口生育意愿的实证分析

20 世纪 50 年代以来，由于我国经济基础薄弱、人口基数规模庞大及人口增长率居高不下，使得国民经济增长的大部分被新增人口所消耗，导致长期以来国民收入水平低下，人民生活困难。因此，我国政府在 20 世纪 80 年代初期实行了极为严格的人口控制政策，规定一对夫妇只能生育一个孩子。该项政策实施以来，极大地控制了我国人口增长的绝对数量，在一定程度上也提高了人民的生活水平。但这种极为严格的人口控制政策也导致了人口年龄结构的失调，不仅使我国过早地进入了人口老龄化社会，也造成了未来劳动力资源的短缺和老年人口赡养负担的加重，不利于我国快速推进的工业化进程和社会经济的可持续发展。为此，我国政府自 2013 年年底颁布了"单独二孩"政策后，又于 2016 年年初颁布了"全面两孩"政策，希望以此来校正我国失调的人口年龄结构并保持人口红利对社会经济发展的促进作用。由于当前我国正处于城市化的加速发展阶段，相对于乡村地区，城市人口生活消费支出尤其住房消费支出比例太高，再加上养育一个孩子的经济负担较重，因而实施"全面两孩"政策后其预期目标能否达到还有待于进一步检验。

自"全面两孩"政策颁布以来，我国学者就婚育人口的生育意愿、生育行为及该政策实施后对社会经济发展的影响进行了大量分析和探讨。王军、王广州（2016）基于婚育人口生育行为与生育意愿的不同，采用2010年后中国的四次抽样人口统计数据资料，就婚育妇女的生育行为、生育意愿及影响因素进行了研究。研究结果显示：当前中国婚育人口生育意愿的总和生育率为1.86，生育行为的总和生育率为1.68，都远低于2.1的人口更替水平，且其生育年龄与生育意愿呈负相关关系，因而"全面两孩"政策对调整我国人口年龄结构的作用有限。陈宁（2016）依据2000年以来我国两次人口普查和《中国统计年鉴》获取的数据资料，就"全面两孩"政策实施对人口老龄化的影响效应进行了实证分析。根据他的研究成果，"全面两孩"政策实施后在短期内对延缓人口老龄化有利，但不利于降低劳动力赡养负担，从长期来看对延缓人口老龄化进程、稀释劳动力赡养负担都具有正面效应。但该政策对人口老龄化进程的延缓和劳动力赡养负担的减轻取决于生育人口对"全面两孩"政策的响应程度。钟晓华（2017）设计了调查问卷，并根据1017户城市"双非"夫妇再生育意愿的调查数据就广东省"全面两孩"政策的实施效果进行了评估分析。评估结果显示，"全面两孩"政策不仅没有显著地提高广东省城市"双非"夫妇的再生育意愿，而且在一定程度上分化了城市不同类型"双非"夫妇的再生育意愿，给其生育率带来了一定的失衡风险。因此，应加强保障城市"双非"妇女的生育权益、降低城市"双非"夫妇的再生育成本，并制定相关的配套政策降低养育孩子的经济负担，从物质和精神上激励人口生育，使全面"全面两孩"达到预期的实施目标。上述学者就"全面两孩"政策实施后我国人口的生育意愿、该政策对人口老龄化进程的影响和劳动力赡养负担等方面进行了研究，其研究成果也具有一定的现实参考价值。但他们只是对全国或部分经济较发达地区进行了分析，对欠发达地区的研究成果较少。因此，本书选取经济发展水平落后且地处西部内陆的甘肃省，就甘肃省"全面两孩"政策的实施效果在问卷调查的基础上进行研究。

4.1　调查问卷设计

尽管我国在 20 世纪 80 年代初期实行了极为严格的人口控制政策，但该政策对超出人口生育的处罚措施不尽一致，城市居民违反生育政策时将被直接开除公职，乡村居民违反生育政策时只能处以罚款或取消各种惠农政策。相对于乡村居民，对城市居民的处罚政策更为严厉，致使乡村人口的总和生育率远高于城市居民。为此，本书将适龄人口的生育意愿划分为城市和乡村两个地区进行研究。鉴于当前我国严重失调的人口年龄结构和人口性别比例，本书首先就 1980～2015 年适龄人口的生育行为及影响因素进行了分析，其次就"全面两孩"政策时适龄人口的生育意愿及影响因素进行分析，最后通过对实施"独生子女"政策与"全面两孩"政策时适龄人口的生育意愿及影响因素的分析结果，有的放矢地提出切实可行的政策措施，以利于扭转我国失调的人口年龄结构和人口性别比例。由于 2016 年 1 月我国颁布了"全面两孩"政策，到 2017 年 1 月时该项政策整整实施了一年，一些堆积适龄生育人口的生育意愿和生育行为都能够较好地得到体现，且春节期间绝大多数流动人口也回家过春节，这更有利于该项研究问卷调查的顺利开展。因此，本书利用 2016～2017 学年的寒假期间作为问卷调查时间，并采用条件价值法设计调查问卷，结合知情人访谈和实地调查的数据资料和信息就甘肃省适龄人口的生育意愿进行分析。

4.1.1 调查问卷设计的内容

本次调查问卷设计的主要内容有四个方面：①被调查适龄生育人口地域状况。由于被调查适龄生育人口在不同地区的生活成本及养育孩子的成本差异较大，乡村相对于城市成本较低，不同级别的城市在房价、教育和生活成本等方面差异也相对较大。因而生活在不同地域的适龄生育人口其生育意愿也会不同。②被调查适龄生育人口状况。被调查适龄生育人口的户籍类别、年龄、收入水平和受教育程度等都会影响其生育意愿，通过对适龄生育人口状况的调查来摸清不同生育人口的生育意愿，便于了解被调查适龄生育人口的生育意愿和影响因素。③"独生子女"政策时适龄人口的生育状况。尽管实施了极为严格的"独生子女"政策，但在其执行过程中由于各种主客观因素一对夫妇生育两个及以上孩子的也不是个别现象，特别在乡村其"独生子女"政策贯彻落实的效果较差。对"独生子女"政策时适龄人口的生育状况调查便于和"全面两孩"政策时的生育意愿比较分析，进而根据变化了的社会经济环境提出相应政策建议。④"全面两孩"政策时适龄人口的生育意愿。在人们思想观念、收入水平和孩子养育成本等各种因素的影响下，相对于"独生子女"政策时当前适龄人口的生育意愿定会有所不同。特别针对我国城市化进程中大量乡村人口进入城市后面对的各种经济负担和乡村社会保障制度的逐步健全，适龄人口的生育意愿也将产生变化。

4.1.2 问卷调查方法

除了笔者与相关政府职能部门、社区和村组干部的访谈及兰州财经大学家在研究区域学生的实地调查外，本书采用的主要数据来源于 2016 ~ 2017 学年寒假期间的问卷调查。具体问卷调查方式为：根据甘肃省的行政区划和地域状况，在甘肃省的中东西部分别选取了庆阳市、兰州市和酒泉市三个市，然后根据城市级别的大小在兰州市选取城关区作为省会城市代表，在庆阳市和酒泉市选取西峰区和肃州区作为地级城市代表，选取兰州市的榆中县、庆阳市的正宁县和酒泉市的金塔县作为县级城市的代表。再在每个区选取城关镇作为问卷调查区域，在每个县选区城关镇和两个具有代表性的乡，在这些乡（镇）各选取 3 个村组（社区），在每个社区（村组）选取具有适龄生育人口的家庭 20 个，总共在研究区域的 36 个村组（社区）发放 720 份调查问卷，具体调查样本分布见表 4.1。

表 4.1　　　　　　　　　　样本地区分布概况

调查区域	县（区）（个）	乡（镇）（个）	村组（社区）（个）	户数（户）
酒泉市	2	4	12	240
兰州市	2	4	12	240
庆阳市	2	4	12	240

本次问卷调查主要由兰州财经大学家在研究区域的各年级学生完成。在 2016 ~ 2017 学年第一学期考试结束后，选取研究区域各县（区）的同学 12 名，给每位同学发放调查问卷 60 份，然后由这些同学联系同一县（区）的同学进行问卷调查。共计发放调查问卷 720 份，回收调查问卷 693 份，回收率高达 96. 25%。由于本次问卷调查寒假期间进行，此时绝大部分流动人口都回家过春节，能够采访到绝大多数的适龄生育人口，因而问卷调查的

回收状况较好。通过对回收调查问卷的有效性分析可知，在回收的问卷中，有效问卷为 671 份，有效率高达 96.83%。由于本次问卷调查给学生按照完成问卷调查的份数，采用计份的方式给完成有效问卷的调查学生给予一定的劳务奖励，因而学生进行问卷调查的积极性较高，对调查问卷的理解也比较到位，进行问卷调查的态度认真，较好地完成了调查问卷的工作。无论从这次问卷调查的回收率还是回收问卷的有效率，该次调查问卷都达到了比较理想的状况。不同地区调查问卷发放量、发放问卷调查回收率及有效率见表 4.2。

表 4.2   不同地区调查问卷发放量、回收率及有效率

调查区域	户籍	发放问卷（份）	回收问卷（份）	回收率（%）	有效问卷（份）	有效率（%）
酒泉市	城市	120	115	95.83	111	96.52
	乡村	120	119	99.16	117	98.32
兰州市	城市	120	111	92.50	106	95.50
	乡村	120	117	97.50	114	97.44
庆阳市	城市	120	113	94.17	110	97.35
	乡村	120	118	98.33	113	95.76

在本次所有调查的老年人口年龄结构中，最高的为 56 岁，最低的为 20 岁，平均年龄为 38.3 岁。其中 45 ~ 56 岁年龄人口所占比例为 28.31%，20 ~ 44 岁老年人口所占比例为 71.69%。在性别比例中，男女比例为 1∶1.33，这也与当前甘肃农村老年人口中女性较多相一致。在调查的所有适龄生育人口中，文盲和半文盲占调查总人口的比例高达 36.3%。主要是因为这一部分

人口绝大多数都是在 20 世纪 80 年代之前出生的，在他们享受初始教育的时间我国正处于改革开放年代，他们接受教育的机会较好，部分文盲半文盲也在我国 20 世纪 60 年代中期之后扫盲过程中接受了一点教育。在家庭人口结构中，年龄介于 20～40 岁的人口占调查人口的比例为 80.5%，这主要与本书研究选取调查对象时重点选取这些家庭有关，旨在通过对这些适龄人口来了解"全面两孩"政策下的生育意愿问题。在婚姻方面，其中有 98% 以上的适龄人口婚姻是完整的，只有不到 2% 的人口其配偶已经去世，在去世配偶的适龄人口中，有一部分改嫁另外组建了家庭，一部分还在家留守。

4.2　甘肃省适龄人口的生育意愿分析

　　基于前文问卷调查获取的数据资料、知情人访谈和实地调查获取的信息，下文就甘肃省"独生子女"政策时的适龄人口生育行为、"全面两孩"政策时适龄人口的生育意愿及影响适龄人口生育意愿的主要因素进行分析。

　　（1）"独生子女"政策时甘肃省适龄人口的生育行为分析。

　　根据我国的人口生育政策，最低法定婚育年龄为女性 20 岁。自 1980 年年初实行"独生子女"政策到 2016 年年初"全面两孩"政策的颁布，期间共历时 36 年。截至 2016 年年初，在此期间适龄生育人口的最大年龄女性为 56 岁。为此，本书选取年龄介于 20～56 岁的适龄婚育人口作为调查对象，就其在"独生子女"政策时的生育行为进行分析。"独生子女"政策时不同地区适龄人口的生育行为见表 4.3。

表 4.3　"独生子女"政策时不同地区适龄人口的生育行为

区域	户数（户）	生育人口数									
		1（个）	比例（%）	2（个）	比例（%）	3（个）	比例（%）	4（个）	比例（%）	≥5（个）	比例（%）
城市	327	208	63.61	105	32.11	14	4.28	0	0.00	0	0.00
乡村	344	21	6.10	237	68.90	76	22.09	3	0.87	7	2.03
合计	671	229	34.13	342	50.97	90	13.41	3	0.45	7	1.04

调查结果如下。

第一，"独生子女"政策时适龄人口生育以两个小孩为主，城乡差异显著。在调查的 671 个适龄生育人口中，生育两个小孩的人数达 342 个，占调查适龄生育人口的 50.97%，生育 1 个小孩的次之，占调查适龄生育人口总数的 34.13%，3 个小孩及以上的人数占调查适龄生育人口的 14.90%。在不同地区适龄生育的人口中，城市适龄生育人口以 1 个小孩为主，生育 1 个小孩的人口占城市调查人口的 63.61%。乡村适龄生育人口以 2 个小孩为主，生育 2 个小孩的人口占调查乡村人口比例的 68.90%。这主要与城乡对"独生子女"政策的执行力度和其他各项相关配套制度的健全有关。城市居民一旦违反了国家的计划生育政策，将面临开除公职的极大风险，一旦开除公职，其享受的相关配套福利政策尤其是养老保险随之丧失，如此严厉的处罚政策使绝大多数城市适龄人口只能生育 1 个孩子。与城市居民相比，独生子女政策对乡村居民的约束力度有限，除了罚款和取消各种惠农政策外，"独生子女"政策对乡村居民难以形成有效的约束。

第二，城市生育人口数以 1 个小孩为主，且城市生育人口数与城市级别呈负相关关系，城市级别越高生育孩子越少。在调查的 327 个城市人口中，只生育 1 个的人口为 208 个，占城市人口的比例为 63.61%，生育 2 孩小孩的占 32.11%，生育 3 个小孩的人数占调查人口的比例仅为 4.28%。在城市适龄生育人口中，省会城市兰州市对"独生子女"政策执行的最为严格，在兰州市城关区调查的 53 个适龄生育人口中，只有 3 个适龄生育人口生育了 2 个孩子，且都为双胞胎，占调查适龄生育人口的 5.66%。市级城市适龄生育人口也基本上严格地执行了"独生子女"政策，在调查庆阳市和酒泉市两个地级城市的 136 个适龄生育人口中，生育 1 个孩子的适龄生育人口达 112，占调查适龄生育人口总数的 90.96%。但在县及县以下城市适龄生育人口中，只有 48 个适龄生育人口执行了"独生子女"政策，仅占 138 个被调查适龄生育人口总数的 34.78%。这除了与级别越高的城市各种公共服务与社会保障政策相对较完善有关外，主要还有级别越高的城市其适龄生育人口之间相互监督到位，再加上受教育程度相对较高，其传统的思想观念较为淡薄。而在县及县以下的城市适龄生育人口中，由于其地理位置与乡村地区较为接近，许多适龄婚育人口在同一县域范围内有诸多亲戚，与乡村干部的交往也较为便利。除了充分地利用"独生子女"政策外，还通过其他关系生育孩子，一些适龄婚育人口甚至生育小孩达 3 个。适龄婚育人口之间很难监督。从而导致其执行"独生子女"政策的效果较差。

第三，乡村生育人口数以两个小孩为主，且生育人口数与女孩的比例呈显著的正相关关系，女孩越多，生育的小孩越多。在调查的 344 个乡村人口中，生育两个小孩的人口为 237 个，占乡村人口的比例超过 2/3，生育 3 孩小孩的占 22.09%，生育 4 个及以上小孩的人数占调查人口的比例为 2.90%。这是因为"独生子女"政策刚刚实施时，乡村的各种相关配套政策缺失，乡村居民养儿防老的观念和多子多福的观念根深蒂固，所以他们会想尽各种措施应对独生子女政策，特别是纯女孩家庭，绝大多数直到生育 1 个男孩为止。但国家的计划生育政策对他们还是给予了一定的约束，当适龄人口一旦生育了两个孩子且其中有 1 个男孩后也就不再生育孩子了。因而乡村适龄人口中主要以生育两个孩子为主，生育 1 个孩子的仅为适龄人口的 6.10%，3 个及 3 个以上的适龄生育人口仅占 24.99%，且绝大多数都为 1 个男孩。

从上述对问卷调查的数据分析可知：实施"独生子女"政策时甘肃省适龄人口生育行为较低，其城乡适龄人口总和生育率为 1.84，其中城市适龄人口总和生育率为 1.41，乡村适龄人口总和生育率为 2.25。除了乡村适龄生育人口总和生育率超过了 2.1 的人口简单再生产而外，无论是城乡适龄人口总和生育率还是城市适龄总和人口生育率都低于 2.1 的人口更替水平。由此可见，尽管实施"独生子女"政策时部分适龄生育人口由于受城乡处罚政策差异、执行力度和社会保障政策的不健全等各种因素特别是乡村适龄生育人口重男轻女、养儿防老等传统思想观念的影响而没有严格的贯彻落实"独生子女"政策。但自 20 世纪 80 年代初期以来实行的人口控制政策极大地降低了甘肃省的人口增长数量，在一定程度上也达到了甘肃省控制人口快速增长的目标。由此也带来了诸如人口年龄结构失调和男女比例失衡等一系列社会经济问题，不利于工业化进程的快速完成和社会经济的可持续发展。

（2）"全面两孩"政策时甘肃省适龄人口的生育意愿分析。

上述就实施"独生子女"政策时甘肃省适龄人口的生育行为进行了分析。我国一些人口学者的研究成果将年龄介于 20～45 岁的人口划分为适龄生育人口，为此，本书中也将这一年龄阶段作为适龄生育人口。鉴于刚刚开始实行"独生子女"政策时即使年龄最小的适龄生育人口现在也超过了 55 岁，因此，在分析适龄生育人口的生育意愿时，将前文分析生育行为时年龄超过 45 岁的这一部分人口不作为生育意愿的调查对象。除去这一部分人口的问卷调查，在本次问卷调查中，年龄介于 20~45 岁这一部分适龄生育人口的有效调查问卷总共为 481 份。本书中将以这 481 份调查问卷数据再结合知情人访谈获取的信息就甘肃省适龄人口的生育意愿进行分析。"全面两孩"政策时甘肃省适龄人口的生育意愿见表 4.4。

表 4.4　　　　"全面两孩"政策时不同地区适龄人口的生育意愿

区域	户数（户）	生育人口数									
		1（个）	比例（%）	2（个）	比例（%）	3（个）	比例（%）	4（个）	比例（%）	≥5（个）	比例（%）
城市	236	93	36.41	134	56.78	9	3.81	0	0.00	0	0.00
乡村	245	23	9.39	165	67.35	57	23.27	0	0.00	0	0.00
合计	481	116	24.17	299	62.16	66	13.72	0	0.00	0	0.00

调查结果如下。

第一，"全面两孩"政策时甘肃省适龄人口生育 2 个小孩的意愿在城乡较高，生育 1 个小孩和 3 个小孩的意愿较低。在调查的 481 个适龄生育人口中，愿意生育两孩小孩的共有 299 个，占调查总人口的 62.16%，愿意生育 1 个小孩的有 116 个，占调查人口的 24.17%，愿意生育 3 个小孩的人口有 66 个，占调查人口的比例为 13.72%。不论城市还是乡村适龄生育人口，都不愿意生育 4 个及以上的小孩。这主要是因为，随着我国工业化和城市化进程的快速推进，大量乡村适龄生育人口进入城市工作，进入城市生活的这些人口经济负担较重，再加上城市养育 1 个孩子的成本相对于乡村要高很多，因而在政策许可的条件下他们绝大多数只愿意生育 2 个孩子，一则 2 个小孩可以结伴，且养育 2 个孩子的经济负担也在可承受范围之内；二则避免一旦矢独造成老年时心里空虚和寂寞。生育 3 个孩子的都是年龄还处于最佳生育年龄，且生育的主要为女孩，因而也愿意再生育 1 个孩子，生育 2 个孩子之后如果还生育一个女孩，他们也就不愿意再生育孩子了。愿意只生育 1 个孩子的适龄生育人口，他们尽管在理论上还可以上与 1 个孩子，但由于受经济负担、思想观念和年龄等因素的影响也不再愿意生育孩子。

第二，城市适龄人口的生育意愿最高为 2 个，1 个次之，3 个的意愿最低。在调查的 236 个城市适龄生育人口中，愿意生育 2 个小孩的共有 134 个，占调查总人口的 56.78%，愿意生育 1 个小孩的有 93 个，占调查人口的 36.41%，愿意生育 3 个小孩的人口仅有 9 个，占调查人口的比例为 3.81%。根据问卷调查和知情人访谈的信息可知，相对于乡村适龄生育人口，当前城市生活人群的经济负担很重，鉴于养育 1 个孩子的成本很高，一些经济负担过重的家庭再无力养育 1 个孩子，与此同时，城市适龄人口相对于乡村适龄生育人口其多子多福和养儿防老的传统观念淡薄，因而只要生育了 1 个孩子后就不愿意再生育，一些适龄生育人口由于经济负担过重甚至推迟了生育时间，对于城市适龄生于人口来说除了极个别人口外都不愿意生育 3 个及以上孩子。

第三，乡村适龄人口的生育意愿比例最高的也为生育 2 个，3 个次之，生育 1 个的意愿最低。在调查的 245 个乡村适龄生育人口中，愿意生育 2 个小孩的共有 165 个，占调查总人口的 67.35%，愿意生育 3 个小孩的有 57 个，占调查人口的 23.27%，愿意生育 1 个小孩的人口有 23 个，占调查人口的比例为 9.39%。尽管快速推进的城市化对乡村适龄人口的生育理念产生了一定影响，但由于乡村适龄生育人口的传统思想观念还较为浓厚，受教育程度较低，再加上相对于城市，乡村在计划生育政策上的执行力度及公共服务和社会保障水平较低等各种原因，其生育1个小孩的意愿很低，在只有1个孩子的家庭中许多都是自身不能生育收养其他孩子或有1个男孩且年龄偏大而不愿意生育的，其他适龄生育人口都愿意生育2个及以上孩子。但其适龄生育人口也受到了周围各种因素的影响，当生育了2个孩子且有男有女时，也就不愿意生育了，绝大部分愿意生育3个孩子的都是家中没有男孩或者没有女孩的，重男轻女的思想也有一定程度的改变。再加上近年来随着乡村社会保障政策的逐步建立和待遇水平的逐步提高，在调查的245个乡村适龄生育人口中，没有人愿意4个及以上孩子的。

依据上述分析可知，在"全面两孩"政策下甘肃省适龄人口生育意愿的总和生育率为1.89，其中城市适龄生育人口总和生育率为1.64，乡村适龄生育人口生育意愿总和生育率为2.14。相对于"独生子女"政策时期，城乡人口总和生育率提升了0.05，城市人口总和生育率出现了一定程度的提高，乡村适龄生育人口总和生育率出现了一定程度的下降。考虑到生育意愿和生育行为之间的差异，在"全面两孩"政策下甘肃省适龄人口的生育行为并没有得到有效提升。由此可见，随着城市化和工业化的快速推进，再加上各项配套制度和社会保障水平的提高，尽管甘肃省城乡生于人口的生育意愿没有发生显著的变化，但其影响生育行为的因素发生了显著的变化，在从强制约束到自愿少生优生的这一过程中，影响适龄生育人口生育行为的因素也从传统思想观的多子多福、养儿防老等转变为经济负担、精神慰藉等因素。这也与发达国家工业化进程中人口生育率的显著下降相一致，但与发达国家不同的是我国特别是西部地区还处于城市化和工业化的跨越式发展阶段，严重失调的人口年龄结构和性别比例将带来一系列的社会经济问题。因此，应当依据适龄生育人口的影响因素健全激励人口生育的相关配套政策，以利于我国特别是西部欠发达地区社会经济的可持续发展。

4.3 本章小结

本章依据调查问卷获取的数据和知情人访谈获取的信息资料，就甘肃省在实行"独生子女"政策时适龄人口的生育行为和"全面两孩"政策时适龄人口的生育意愿进行了分析，得出了以下研究结论，并根据研究结论提出相应的政策建议和对策措施。

4.3.1 研究结论

第一，在实行"独生子女"政策时，甘肃省适龄人口的总体生育行为以 2 个小孩为主，但城乡差异显著，城市以生育 1 个小孩为主，乡村以生育 2 个小孩为主。根据对甘肃省 671 个适龄人口的生育行为分析可知，生育 2 个小孩的乡村人口为 237 个，占调查乡村人口样本总数 344 个的 68.90%，生育 1 个小孩的城市人口为 208 个，占城市调查总样本的 63.61%。且在城市生育的人口中，不同级别城市生育人口的个数不尽相同，省会级城市和地级城市一生育 1 个小孩为主，县级及以下城市人口已生育 2 个小孩为主。根据知情人访谈获取的信息可知，由于城乡在执行力度、处罚措施和相关配套政策尤其是社会保障政策等方面的不同，导致甘肃省城乡适龄人口在生育行为上出现了差异。虽然他们都没有很好地贯彻"独生子女"政策，但极为严格的"独生子女"政策也基本上达到了其控制人口快速增长的预期目标。

第二，实施"全面两孩"政策时，甘肃省适龄人口的总体生育意愿仍以2个小孩为主且城乡差异较小，无论城市还是乡村适龄人口生育2个小孩的意愿最高。根据对甘肃省481个适龄人口的生育意愿分析可知，生育2个小孩的城市人口为134个，占调查城市人口总数236个的56.78%。在城市生育的人口中，由于"全面两孩"政策的实施，其生育孩子个数的意愿在不同级别城市的差异较小，所有城市适龄生育人口都以生育2个小孩为主，1个次之，生育3个以上的人口极少。生育2个小孩的乡村人口为165个，占调查乡村人口总数245个的67.35%，生育3个小孩的人口次之，生育1个小孩的人口最少。随着城市化的快速推进和工业化进程的加速推进，城乡居民受外界各种思潮的影响较大。再加上由于我国在社会保障方面尤其是乡村社会保障制度的不断健全，影响人们生育意愿的主要影响因素已从受政策的强制约束转变为经济负担，人们的生育理念也从传统的养儿防老、多子多福转变为男女同等、少生生优。如果再没有其他相关配套政策的支撑，要想单纯依靠"全面两孩"政策很难改变当前失调的人口年龄结构和严重失衡的男女比例问题。

4.3.2 政策建议

第一，全面开放人口控制政策，并建立相关的配套政策以鼓励适龄人口生育。鉴于当前我国适龄生育人口的制约因素已从政策约束转化为经济负担为主，传统的生育思想观念也受到了工业化和城市化的冲击，由多子多福和养儿防老转变为男女同等和少生优生。由于这些制约因素和思想观念的转变，"全面两孩"政策对当前的低生育水平作用有限。结合国际上发达国家在工业化完成后人口自然增长率和总和生育率剧降，一些国家的人口自然增长率甚至为负。当前我国尽管还没有完全实现工业化和城市化，但人们的思想观念和影响因素与工业化完成之后的发达国家基本一致。因此，应全面放开我国实施近 40 年的人口控制政策，让每个适龄人口根据自己的意愿生育人口。特别针对我国人口总和生育率较低、人口年龄结构失调和男女比例失衡的现状，针对一些适龄人口不愿意生育小孩的主要制约因素，因地制宜、因人而异和因时不同地制定一些相关激励政策以鼓励适龄人口生育。

第二，健全住房保障及相关配套政策，降低城市人口购买住房的经济负担。鉴于当前我国正处于工业化的加速发展阶段，因此，需要大量的人口聚集到城市从事各种生产服务工作，导致城市人口的快速机械增长。这必然会导致住房的刚性需求，造成我国城市住房的单位价格急剧增长，再加上一些人群乘机囤积房屋，进一步推高了城市住房的单位价格。居高不下的房价给新增的城市人口带来了难以承受的经济负担，致使一些城市适龄生育人口为此推迟了生育小孩时间，减少了生育小孩的数量。根据相关研究学者的研究结论，当前我国居民恩格尔系数普遍低于实际生活水平的主要原因就是城市居民的住房负担太重，乡村居民的教育负担太重。因此，政府在加大住房宏观调控的同时，应大力建造公租房、廉租房和经济适用房，并建立相关配套政策，实行租购同权，使城市人口根据自己的经济状况自愿租购，进而降低城市青年人口购买住房的经济负担。

第三，拓展城乡义务教育年限，降低城乡居民的教育经济负担。当前我国尽管实行普遍九年制义务教育，但义务教育针对的是小学六年和中学三年这一教育时段，鉴于当前我国人口的教育从幼儿园教育开始直至高等教育完成，针对幼儿园教育和高中以上的教育都实行收费教育。相对于义务教育阶段，幼儿园教育和高中及以上教育的教育支出更高，这给我国居民特别是乡村居民造成了难以承受的经济负担。但不管城乡居民，谁都不愿意孩子输在起跑线上，为了孩子的教育不惜血本，进而导致许多家庭宁可少生也要优育。我国乡村居民恩格尔系数脱离实际生活水平的原因从根本上来说也是孩子的教育负担太重，影响了其他方面的应有支出。因此，不管城乡居民，都应该将九年制义务教育拓展到从幼儿园到高中教育结束阶段，这在降低了家庭的教育经济负担的同时也提高了人口生育水平。

4.3.3　结语

本章选取不同年龄、不同级别城市和乡村的适龄生育人口，在问卷调查的基础上就甘肃省在实行"独生子女"政策时的生育行为和"全面两孩"政策下的生育意愿进行了分析。结果表明：相对于"独生子女"政策时的生育水平，单纯的"全面两孩"政策并不能有效地提高甘肃省的人口生育水平，且适龄人口的生育意愿与生育年龄呈显著负相关关系。因此，笔者认为，应调整当前我国实施的人口控制政策，同时针对甘肃省的人口年龄结构失调、男女比例失衡及后续劳动力资源紧缺等问题提出了相应政策建议，以利于甘肃省及全国生态脆弱区人口生育水平的提高及劳动力资源的可持续发展。

第 5 章

甘肃省退休年龄延迟设计研究

根据 2010 年第六次全国人口普查数据公报，甘肃省 60 岁及 65 岁以上的人口占人口总数的比例分别达 13.26% 和 8.87%。按国际上对 60 岁及 65 岁以上人口占人口总数比例分别为 10.0% 和 7.0% 的标准，2010 年甘肃省已经进入了人口老龄化社会。人口老龄化社会会给一个国家的社会经济发展尤其社会养老保险带来严峻的挑战。由于甘肃省在不同时期实行不同的人口政策，20 世纪 50 年代初期至 70 年代初期，实行鼓励人口增长的政策，导致人口急剧增长，国民财富中的增加部分被增加的人口消耗掉，从而使人均国民收入增长较慢，影响了人民生活水平的提高。与此同时，由于甘肃省人口基数较大，再加上极高的人口增长率导致甘肃省人口规模超出了自然资源的承载能力。为此，自 20 世纪 70 年代末期之后，甘肃省采取了极为严格的人口控制政策，使人口出生率急剧地下降，导致 0~14 岁人口占甘肃省人口的比重急剧地下降，据第六次全国人口普查公报数据，0~14 岁人口占甘肃省人口比重仅为 16.60%。少年儿童占人口比例的严重偏低不仅使未来甘肃省劳动力资源的严重短缺而且还会加重劳动者的养老负担。因此自 2010 年以来，甘肃省调整了极为严格的人口控制政策，逐步地放宽了人口的出生控制。但随着 50 年代之后人口出生高峰期出生的这一部分人口进入老年，甘肃省的老龄化进程将逐步加剧。相对于国际上其他一些发达国家，这些国家在人口老龄化到来之前已经实现了工业化，其人均收入水平较高。而甘肃省还正处于工业化和城镇化的加速发展阶段，人口老龄化加剧不仅对甘肃省的社会养老带来严峻的挑战，而且还会延迟甘肃省的工业化和城镇化进程。

鉴于人口老龄化进程加速对社会养老保险的挑战及对社会经济发展的影响。甘肃省一些学者就缓解社会养老保险负担提出了各自的观点。绝大部分学者认为，延迟退休年龄在一定程度上能够有效减轻甘肃省的社会养老负担。郑秉文认为，延迟退休年龄既有利于减轻在职劳动者的养老负担，也有利于增加养老保险的缴费年限，使社会养老保险基金的收支保持平衡。因此，面对人口老龄化对社会养老保险及对社会经济发展造成的负面影响，世界上几乎所有国家都把延迟退休年龄作为减轻社会养老负担和应对人口老龄化加深的主要措施。郑功成认为延迟退休年龄是基于缓解社会养老保险代际矛盾冲突和人均预期寿命提高的需要。至于延迟退休年龄对就业的影响，他认为，随着劳动适龄人口越过顶峰，劳动力资源将逐渐变得短缺，延迟退休年龄在一定程度上有利于弥补因劳动适龄人口越过顶峰而造成的劳动力资源短缺状况。随着甘肃省工业化、城镇化和现代化进程的持续加快，新增就业岗位的潜力不断得到释放，这些新增的就业岗位在一定程度上能有效缓解延迟退休年龄对就业的负面影响。上述学者就甘肃省老人老龄化对养老保险的影响及延迟退休年龄对就业的影响提出了各自的观点和看法，但他们都是从宏观上提出了延迟退休年龄的必要性和延迟退休后对就业的影响，对于具体的延迟退休年龄还缺乏相应的年龄标准设计。为此，本书尝试依据当前甘肃省的人均预期寿命、劳动者参加工作的初始年龄等就甘肃省退休年龄标准延迟进行设计研究。试图为甘肃省调整退休年龄标准提供相应的建议，以利于减轻因人口老龄化加速对甘肃省养老保险造成的负担，进而推动甘肃省社会经济的可持续发展。

5.1 甘肃省退休年龄在当时的合理性及在当前存在的问题

5.1.1 当前甘肃省退休年龄标准

当前甘肃省退休年龄标准的划分是根据 1951 年由政务院颁布实施的《中华人民共和国劳动保险条例》和 1955 年国务院颁发《关于国家机关工作人员退休暂行办法》。此两项文件对退休年龄标准进行了以下规定：第一，正常条件下的退休年龄。正常退休年龄分别为男干部的退休年龄为 60 岁，女干部的退休年龄为 55 岁，女工人的退休年龄为 50 岁。第二，特殊情况下的退休年龄。对于特殊条件下的退休年龄又分为两种类型：一种是延迟退休年龄享受的条件；另一种是提前退休年龄享受的条件。享受延迟退休年龄的人员，主要为省部级以上的公务员和具有高级职称的专业技术人员。其中省部级以上公务员在 60 岁的基础上延迟 5 年退休，国家级公务员延迟 10 年退休。对于从事专业技术高级人才规定，甘肃省的院士享受终身不退休制，具有教授和研究员及主任医师等职称的劳动者可以延迟 10 年退休，具有副教授、副研究员及副主任医师等职称的劳动者可以延迟 5 年退休。还有一些特殊部门或者职业的退休人员其退休年龄可在正常退休年龄条件下提前 5 年退休，诸如在工作条件艰苦或工作环境恶劣一些地区和职业及对国家做出特殊贡献的劳动者。

5.1.2　甘肃省退休年龄标准在当时的合理性

现有规定是在 20 世纪 50 年代划分的，当时甘肃省的人口年龄结构还处于青年型社会阶段。60 岁以上的人口占总人口数的比例不足 4%。人均预期寿命不足 60 岁。且当时甘肃省的人均受教育年限较低，绝大部分工作人员处于文盲或者半文盲状况，在许多城镇居民在年满 18 周岁之后就参与了社会劳动，甚至一些公民在 16 岁时就参与了社会劳动。如果以技术工人男性 60 岁、女性 50 岁的标准退休，其工作年限也较长。由于当时人均预期寿命较短，享受养老待遇的年限也较短，这一退休年龄对当时的社会养老负担也较轻，其社会养老负担也在国家的可承受范围之内。与此同时，20 世纪 50 年代，甘肃省社会的产业结构还处于初级阶段，工业生产还处于手工作坊、半机械化和机械化阶段。绝大部分重体力型劳动还需要靠从事相应工作的工人用体力来完成，对于一些特殊的工作部门和岗位提前退休主要是考虑了他们各自身体的承受能力。特别是在一些工作环境恶劣的地区，适当的提前退休年龄让体力强壮的青年人承担有利于提高劳动效率。

5.1.3　甘肃省退休年龄标准在当前存在的问题

随着甘肃省社会经济的发展、人均预期寿命和人均受教育程度的提高，当前的退休年龄标准已不适合当前甘肃省国情，主要表现在以下三个方面。

（1）人均预期寿命的提高导致人们领取养老金的时间延长，加重了甘肃省的社会养老负担。随着人均预期寿命的增加，如果不延迟退休年龄，逐渐延长领取退休养老金的期限势必会加重整个社会的养老负担，加剧青年一代赡养老年一代的代际矛盾冲突。特别是甘肃省还处于工业化和城镇化的中期阶段，较重的社会养老负担会阻碍甘肃省工业化和城镇化的顺利完成。

（2）人均受教育年限增加，延迟了劳动者参加工作的初始年龄，使缴纳养老保险的年限缩短。人均受教育年限的增加，大大延迟了甘肃省劳动力从事初始劳动的年龄。其中，硕士研究生和博士研究生在 25 岁和 30 岁后才会参与社会劳动，如果不对退休年龄标准进行调整，无疑会加重甘肃省社会的养老保险负担，也会造成劳动力资源的严重浪费。

（3）产业结构升级导致当前的退休年龄标准浪费了劳动力资源。随着甘肃省工业化进程的加速发展，整个社会的产业结构发生了根本性的转变。绝大部分工业生产进入了办公自动化和半自动化阶段，一些较重的生产活动都由机器替代了人力，从事重体力型劳动的人口越来越少。以服务业为龙头的第三产业发展极为迅速，其产值在 2013 年已达甘肃省国内生产总值的 40% 以上，这些部门的从业人员都从事较轻的体力劳动，大多数人员都从事脑力劳动，较早的退休年龄造成了劳动力资源的严重浪费。另外，当前甘肃省的人口红利已经进入了拐点。发达国家的经验证明，在一个国家经济处于低速发展阶段时，人口红利对经济发展的贡献和影响都较小，一旦一个国家经济进入加速发展阶段，人口红利对经济发展的推动作用极为明显。延迟退休年龄在一定程度上可以缓解甘肃省由于实行人口控制而丧失的人口红利，进而维持人口红利对甘肃省经济发展的推动作用。

5.2　甘肃省当前及未来一定时期内退休年龄标准设计

基于当前甘肃省退休年龄标准存在的问题，本书在研究延续甘肃省退休年龄在不同类型劳动及性别退休年龄档次合理性的基础上，结合人均预期寿命、劳动者参加工作的初始年龄等，将甘肃省的人口退休年龄分为三个档次，并对其退休年龄标准进行设计。

5.2.1　高端脑力劳动者的退休年龄标准为男女均70 岁

对于正、副国家级公务员和具有正高级职称的脑力劳动者，男女退休年龄以 70 岁为准，一些国家特殊需要的正高级职称诸如院士、长江学者等依据需要在本人自愿的基础上可适当延长。这是因为：第一，人的智力可分为"液化智力"和"晶化智力"。"液化智力"是指人的记忆能力和思维的敏捷程度，"晶化智力"是指一个人的思维广度、判断能力、丰富的经验以及对周围事物的洞察力和理解能力。尽管两种智力都会随着年龄的增加先是提高而后衰退，但是液化智力在人到 30 多岁时就开始衰退，而晶化智力在人到 70 多岁之后才开始衰退。这些人群主要从事的是与思维广度、极强的判断能力、理解能力相关的工作，且与相关工作的阅历深厚，经验丰富。过早的退休年龄时对人力资源的一种浪费。由于这一部分劳动者主要从事的是脑力劳动，男女差异主要表现在体力上。因此对他们采取统一的退休年龄标准。第二，根据舒尔茨的人力资本理论，在经济增长的各种因素中，相对于物质资本，人力资本在一个国家或地区经济发展所做的贡献越来越大。当前发达国家人力资本对社会经济发展的贡献率已达 80% 以上，而在甘肃省人力资本对国民经济增长所做的贡献还不足 50%，国民经济的增长主要通过物质资本的扩大投资来实现的。延退具有正高级职称的脑力劳动者，一方面，可以让他们在各自的领域内继续为国家社会经济的发展做出应有的贡献，通过技术成果的发明创造促进国民经济的发展；另一方面，这些高智力的脑力劳动者还可以培养相应的青年人才及高学历的脑力劳动者，他们培养出的青年人才和高学历人才在从事的相关领域继续从事相应的发明创造，为国家社会经济的发展做出一定的贡献。因此，延迟这部分人群的退休年龄，让他们在继续为国家进行贡献的同时还能培养出更多的相关人才为国家社会经济的发展做出贡献，有利于甘肃省工业化的尽快完成。

5.2.2　其他脑力劳动者和中轻型体力劳动者的退休年龄标准为男 65 岁、女 60 岁

省部级及以下公务员、正高级职称以下的脑力劳动者及轻中型体力劳动者，应该将他们的退休年龄提高到男性 65 岁、女性 60 岁。这是因为：经过 60 多年的经济发展，特别是 20 世纪 70 年代末期以来，市场化的经济体制改革使甘肃省的国民经济实现了突飞猛进的发展，其产业结构也发生了质的转变，截至 2013 年年底，甘肃省第三产业产值占国内生产总值的比例高达 46.1%，第二产业产值占 43.9%，第一产业产值仅为国内生产总值的 10%[6]。与此相对应，从事第三产业的劳动者主要为金融业、证券业、餐饮服务等行业，这部分人群主要从事的是一些脑力劳动和轻中型体力劳动，对体力的要求不是很高，延长退休年龄并不会给他们的身体带来不可承受的负担。由于当前甘肃省工业生产绝大部分已经进入机器工业时代，机械化的发展使原先由人工体力参与的劳动被机器所取代。从事第二产业的劳动者主要为一些脑力型劳动或轻中体力型劳动工作，延长退休年龄可以充分利用这些管理人员和专业技术人员，让他们继续为社会经济发展做出相应的贡献。因为随着年龄的增长，他们的管理经验和专业技术越来越娴熟。根据国际经验，具有较丰富经验的管理人员和熟练技术的人员，其劳动生产率也要高得多，从而导致许多企业为了挽救一些高级管理人才和熟练的技术工人不惜提高企业成

本，为他们在购买社会保险的基础上还购买了相应的商业保险作
为企业补充保险。延迟这部分劳动者的退休年龄，可以延长人口
红利对甘肃省社会经济发展的推动作用，减轻甘肃省社会养老的
经济负担。

5.2.3　重型体力型劳动者的退休年龄标准为男 60 岁、女 55 岁

对于从事重体力型劳动的人口，诸如工作环境严峻地区或工
作环境较差行业的劳动者，应将他们的退休年龄维持在男性 60
岁、女性 55 岁。这是因为，随着甘肃省社会经济水平的不断提
高和医疗卫生保健事业的发展，不仅甘肃省的人均预期寿命提
高，而且人均健康寿命也显著地提高。且人均健康寿命与人均预
期寿命的差距越来越小。根据生理学家对人体生理器官和组织的
研究，人的年龄达到 60 岁后，其各种器官和组织将处于严重衰
退阶段，并且女性相对于男性其衰退的更快。一些学者把老年人
口的起始年龄定位 60 岁，正是基于这一研究。由于这一部分人
群主要从事重体力劳动，其对工作强度的承受能力与人体器官和
组织的衰老状况高度相关。相对于男性，女性承受重体力型劳动
的能力更弱，且又比男性的各个器官和组织衰老的更早。发达国
家把人口的退休年龄划分为 65 岁，是由于这些国家早都实现了
工业化，不论工业或者农业都进入机器化生产阶段，且从事重体
力型劳动的人口在劳动人口比例中极低，不足劳动人口总数的
10%。即使如此，他们仍然实行退休年龄的差别制。对这一部分
人群的退休年龄都相应地低于正常退休人口的年龄。因此。笔者
认为，将男性的退休年龄确定为 60 岁、女性确定为 55 岁较为适
宜。再从另外一个方面来说，这一部分人群由于主要从事重体力
型劳动，退休后再难以从事相应的适宜工作，相关领域的生产企

业更愿意雇用一些青年人来从事相应的工作，有利于青年人就业的提高。对于因公致残、病残或有相应职业病的人员等一部分劳动者，由于每个人的具体情况不一，其退休年龄也不尽相同，其具体退休年龄可以由他们依据甘肃省三甲医院出具的证明来确定。

上述针对不同劳动类型人口将退休年龄标准划分了三个档次：第一个档次为国家级公务员和具有正高级职称的脑力劳动者；第二个档次为其他脑力劳动者和从事中轻型体力劳动的人员；第三个档次为从事重型体力劳动或工作环境严峻地区和工作环境恶劣职业的劳动者。三个档次的具体退休年龄标准见表5.1。

表 5.1　　　　　**不同劳动类型人口的退休年龄标准**　　　　单位：岁

劳动人口类型	高端脑力劳动人口	脑力劳动及轻中型体力劳动人口	重体力型劳动人口
男性退休年龄	70	65	60
女性退休年龄	70	60	55

5.3　优化设计方案的自我负担系数测算

由于社会养老保险的部分积累资金筹集模式具有现收现付模式和完全积累模式的优点又克服了它们各自的缺点，因而已成为国际上社会养老保险资金筹集的主要模式。在当前甘肃省实施的各项社会养老保险中也把部分积累模式作为资金筹资模式。部分积累模式兼具互济互助和自我保障的性质，延迟退休年龄在一定程度上就是提高自我保障的负担系数。当前国际上通过对112个国家男女自我社会养老保险负担系数的测算，将男女社会养老保险的自我负担系数确定在一个合理区间范围内，一旦超出了这个范围就要对其退休年龄进行调整。其中男性的自我负担系数合理区间为 0.12 ~ 0.36，女性的自我负担系数合理区间为 0.31 ~ 0.59。社会养老自我负担系数与初始参加工作的年龄、男女人均预期寿命及退休年龄紧密相关。其具体计算公式为：自我养老负担系数 = 享受年限/缴费年限。其中，享受年限 = 人均预期寿命 − 退休年龄，缴费年限 = 退休年龄 − 初始工作年龄。以此为依据，本研究采用男女自我养老负担系数就退休年龄标准的延迟设计方案测算。

初始参加工作年龄由于受教育程度及其他因素的影响而在不同人群之间差异显著，一般来说，受教育年限越长，其参加工作的初始年龄越高，所有劳动者参加工作的年龄一般介于 18 ~ 30 岁之间。根据甘肃省当前的学制年限，接受九年制义务教育及以下的人群其参加工作的初始年龄以 18 岁计算。高中以上及大学本科以下人员参加工作初始年龄在 18 ~ 22 岁，以 22 岁计算。具有硕士博士学位的研究生其工作年龄介于 25 ~ 30 岁之间，以 30 岁左右为初始年龄计算较为合理。一般来说，接受硕士或者博士研究生教育的成员其在工作岗位上一般从事相关的专业科研就工作，具有相应的正高级专业技术职称，其退休年龄为 70 岁，参加社会劳动年限在 40 ~ 45 年。接受高中以上或本科教育的成员其在工作岗位上一般从事专业技术工作或较轻的体力劳动，其退休年龄为男性 65 岁，女性 60 岁，参加社会劳动年限在 42 ~ 47 年。接受九年制义务教育及以下的成员其在工作岗位上一般从事重体力型劳动，其退休年龄男性为 60 岁，女性为 55 岁，参加社会劳动年限约在 37 ~ 42 年，本书中分别以他们参与劳动的平均年限进行估算。当前甘肃省的人均预期寿命为 75 岁，男性人均预期寿命为 73 岁，女性人均预期寿命为 78 岁。甘肃省 20 世纪

50 年代初期至 20 世纪 70 年代末期人口出生高峰期出生的人口，即使按照最高 70 岁的退休年龄标准，他们在 2050 年都会进入退休年龄，之后甘肃省的人口老龄化会进入一个相对稳定的时期。根据国际发达国家的人均预期寿命，假设 2050 年甘肃省人均预期寿命与目前发达国家相近，男性的人均预期寿命为 80 岁，女性人均预期寿命为 85 岁。以此为依据，根据延迟设计的退休年龄标准，估算甘肃省 2015～2050 年这一时期的男女自我养老负担系数（见表 5.2）。

表 5.2　　2015～2050 年甘肃省男女不同劳动人口养老自我负担系数

男女退休年龄（岁）	2015 年		2050 年	
	男性自我负担系数	女性自我负担系数	男性自我负担系数	女性自我负担系数
男 70、女 70	0.08	0.20	0.25	0.37
男 65、女 60	0.20	0.45	0.37	0.62
男 60、女 55	0.33	0.58	0.50	0.75

从表 5.2 中可知，根据延迟设计的退休年龄标准，2015 年甘肃省男女不同劳动类型人口的自我负担系数男性最高的为 0.30，最低的为 0.08，女性最高的为 0.58，最低的为 0.20，男性平均为 0.20，女性平均为 0.41。根据国际上男女自我养老负担系数的合理区间，延迟设计的退休年龄标准都在他们各自的合理区间范围之内，相对于自我养老负担系数的合理区间，其数值相对适中，比较适合当前甘肃省国情。2050 年甘肃省男女不同类型劳动人口的自我负担系数男性最高的为 0.50，最低的为 0.25，女性最高的为 0.75，最低的 0.37，男性平均 0.37，女性平均 0.58。男性自我养老负担系数已超出了合理区间，女性自我养老负担系

数尽管在其合理区间之内，但也接近合理区间的上限。因此，在2015～2050 年这一时间段内还应根据自我养老负担系数的合理区间依据人均预期寿命对其退休年龄进行逐步调整，其最终的退休年龄标准应为男性 70 岁、女性 65 岁。这样即使当男性的人均预期寿命达到 80 岁，女性的人均预期寿命达到 85 岁，其男性的自我养老负担系数仅为 0.25 左右，女性的仅为 0.5 左右。

5.4 本章小结

5.4.1 研究结论及政策建议

基于上述分析，延续当前甘肃省退休年龄在不同劳动类型及性别退休年龄设计的合理性，根据甘肃省退休年龄存在的问题就甘肃省不同劳动类型及性别的退休年龄进行设计。得出了以下结论及相应对策建议。

（1）在结合当前甘肃省的人均预期寿命、人口的退休年龄结构、劳动力的初始工作年龄及当前及未来一定时期内甘肃省养老保险的负担现状，在当前甘肃省人口老龄化进程逐步加深的背景下，延迟退休年龄不仅能够有效地解决甘肃省因"未富先老"而造成养老保险社会负担太重对国民经济发展的阻碍，而且能够有效缓解当前甘肃省因人口红利逐渐丧失对社会经济发展的负面影响，既充分地利用了当前甘肃省社会的劳动力资源，又能够防止由于社会养老负担太重而对甘肃省社会经济发展的影响，有利于促进甘肃省实现产业结构的升级换代和国民收入水平的提高，进而加快甘肃省工业化进程的进度。

（2）在当前甘肃省人均劳动初始年龄相较于 20 世纪 50 年代

延迟了 5 年，人均预期寿命延长了 15 岁以上，人均受教育年限大幅增加导致人力资本对经济增长贡献逐步增大的背景下，由于产业结构的升级换代和第三产业的加速发展，导致从事轻中型体力型劳动人口和脑力劳动人口数量的急剧上升。根据退休年龄对他们各自从事相应工作的影响程度和身体承受能力。高端智力型脑力劳动者诸如正副国级公务员及具有正高级职称以上的脑力劳动人口，其退休年龄以 70 岁为宜。从事脑力劳动及轻中型体力劳动的人口，诸如省部级以下公务员及正高级职称以下的专业技术人员，他们的退休年龄以男 65 岁、女 60 岁为宜。从事重型体力劳动及在严峻生活环境下工作的人口，他们的退休年龄以男 60 岁、女 55 岁为宜。

（3）依据国际上男女自我养老负担系数就延迟设计后的退休年龄自我负担系数进行了测算。结果表明，延迟设计的退休年龄标准 2015 年男女自我养老负担系数都在其合理负担系数范围之内，但随着人均预期寿命的逐步增加，到 2050 年，其男性的自我养老负担系数已超出了合理区间范围。因此，应依据人均预期寿命的增加根据国家自我养老负担的合理取值范围逐步进行调整。其最终的退休年龄标准应为男性 70 岁、女性 65 岁。这样即使当男性的人均预期寿命达到 80 岁，女性的人均预期寿命达到 85 岁，其男性的自我养老负担系数仅为 0.25 左右，女性的仅为 0.5 左右，都在他们各自的合理区间范围之内。

（4）鉴于甘肃省在不同时期实行不同的人口政策，20 世纪 50 年代到 70 年代初期，甘肃省实行鼓励人口增长的政策，导致在此期间人口自然增长率急剧增加，人口总数量增加了近 1 倍。20 世纪 50 年代出生的人口即使按照 65 岁的退休年龄，到 2015 年后都进入退休年龄。这部分高峰出生期人口退休年龄的到来，将会对甘肃省的养老负担造成严峻的挑战。与此相对应，而在

20 世纪 70 年代末期之后，甘肃省实行严格控制人口增长的政策，导致甘肃省未来一段时期之内劳动力人口的后继军严重短缺。这不仅导致甘肃省人口红利的丧失，而且对养老负担造成难以承受的负担，因此，应适当地放宽严格的人口控制政策，实现劳动力的简单再生产，即一对夫妇可以生育 2 个孩子。这样在一定程度上缓解了劳动力的短缺问题，而且还会减轻劳动人口的养老负担。

5.4.2　结语

本章针对当前甘肃省"未富先老"、人口红利对经济增长的促进作用减弱及因人口老龄化进程加速而引起的社会养老负担过重等问题，依据人均预期寿命、劳动者参加工作的初始年龄和不同类型劳动对人体体力要求的差异等，就从事不同类型劳动的退休年龄标准进行了延迟设计。然后以国际上自我养老负担系数的合理取值范围为标准，就延迟设计方案的自我养老负担系数进行了测算。结果表明，延迟设计方案的退休年龄标准在当前及未来较短时期比较适合甘肃省国情。但随着人均预期寿命的增长，其自我养老负担的系数也超出了承受能力，因此，要结合人均预期寿命的增长对退休年龄逐步调整，才能有效解决甘肃省因人口老龄化逐步加深而引起的各种社会经济问题。

第6章

甘肃省社会养老保险一体化设计研究

20 世纪 50 年代以来，在计划经济体制下，甘肃实行国家养老保险模式，行政事业单位、城市全民所有制企业及县级以上的集体所有制企业职工都被纳入国家养老保险模式的覆盖范围之内。70 年代末期后，甘肃进行了市场化的经济体制改革，并把建立社会主义市场经济作为甘肃经济体制的改革目标。随着甘肃经济体制由计划经济向市场经济的转变，90 年代甘肃首先对企业职工的养老保险进行了改革，建立了一种"社会统筹 + 个人账户"相结合的社会养老保险模式。进入 21 世纪后，甘肃在对城市企业职工实行"社会统筹 + 个人账户"模式社会养老保险制度的基础上，针对城乡居民又相继建立了社会养老保险制度。尽管城乡居民社会养老保险制度也采用"社会统筹 + 个人账户养"模式，但在个人缴费标准和基础养老金标准等方面与城市企业职工社会养老保险制度存在明显的差异，从而在甘肃出现了两种养老保险模式三种社会养老保险制度并存的状况。不同社会养老保险制度之间相互独立，同一社会养老保险制度在不同地区之间相互割裂，使甘肃的社会养老保险呈现严重的"碎片化"状态。社会养老保险的"碎片化"状况导致甘肃的社会养老保险呈现出在运行机制上不经济，不仅不同社会养老保险制度之间难以有效衔接，即使同一社会养老保险制度在不同地区的转移衔接也出现一系列问题。为此，笔者在借鉴了前人理论研究的基础上，针对当前甘肃社会养老保险存在的各种问题从保险模式、筹资标准和投资运营监管等方面就建立全省一体化的社会养老保险制度进行设计研究。

6.1　当前甘肃省实施的主要养老保险制度及存在的问题

当前甘肃建立了以"社会统筹＋个人账户"为基本模式的三种社会养老保险制度。机关事业单位人员和城市企业职工养老保险的总投保费率为职工个人工资的 28%，其中，企业缴纳20%，个人缴纳 8%，缴费年限为 15 年。个人缴纳的 8% 全部计入个人账户，企业缴纳的 20% 中有 7% 计入个人账户，13% 计入社会统筹账户。社会养老保险的待遇标准为基础养老金加与工资水平挂钩的养老金。城乡居民社会养老保险采用个人分档缴费，城乡居民缴费档次分为 100 元，200 元⋯⋯2000 元 12 个档次，缴纳年限 15 年。地方政府可根据当地居民的收入水平适当的增设档次，并根据个人缴费档次进行补贴，缴费档次越高其补贴标准越高，最低补贴不得低于年人均 30 元，个人缴费和地方政府财政补贴部分都计入个人账户，养老保险待遇标准为基础养老金加与个人缴费挂钩的养老金。

上述三种养老保险制度基本上涵盖了甘肃所有的在职劳动者，使甘肃在职劳动者能够在年老时"老有所养"。"社会统筹＋个人账户"社会养老保险模式，在我国已运行多年，取得了相应的成功经验和教训，相对来说比较适合当前甘肃人口规模和经济发展现实状况，使其保障（社会统筹）和激励（个人账户）作用相结合。然而，甘肃当前并存的三种养老保险制度存在的问题也十分突出。主要表现在以下几个方面。

第一，养老保险的筹资标准和替代率差异悬殊。国家养老保险模式个人不缴纳任何费用，但其替代率很高，其养老保险的替代率绝大部分人员都在 80% 以上，部分职工的替代率甚至高达 100%。企业职工社会养老保险个人和企业要缴纳相当于个人工资 28% 的养老保险费用，其替代率为 60% 左右。城乡居民社会养老保险制度的替代率更低，即便按最高个人缴费档次缴纳其社会养老保险的替代率也仅为 20% 左右。在甘肃国民收入的初次分配中，国家行政事业单位职工的平均工资本身并不低于社会平均工资，其替代率很高；城乡居民的收入水平本身偏低，其替代率又很低，这无形中拉大了甘肃居民社会养老保险的收入差距，有违社会保障的公平性原则。

第二，"社会统筹 + 个人账户"模式的基础养老金标准差异较大。基础养老金在养老保险的制度设计中主要体现其公平性，城乡居民享受的基础养老金标准仅为年人均 720 元，不仅远远低于企业职工社会养老保险按当地社会平均工资 20% 发放的基础养老金标准，而且远低于当前甘肃农村贫困线标准（当前甘肃的农村贫困线标准为年人均 3000 元）。针对一些无力缴纳养老保险的弱势群体来说，制度规定他们只享受基础养老金，基础养老金的标准不一及城乡居民基础养老金严重偏低的现状，不仅严重违背了基础养老金体现的公平性原则，也使甘肃城乡居民的社会养老保险难以保障老年人的基本生活需要。

第三，社会保险基金的投资运营收益率很低。在当前甘肃实施的三种养老保险制度中，国家养老保险制度由于没有资金积累，因而不存在社会保险基金的投资运营收益。"社会统筹 + 个人账户"由于个人和企业缴纳了相应的养老保险费，需要对其进行投资运营，以确保社会保险基金的保值增值。但当前甘肃企业职工的养老保险投资运营收益率很低，2010～2012 年其投资运营收益率不足 2.0%，2013 年其投资运营收益甚至为负。城乡居民的投资运营收益率按一年期银行存款利率计算，相对于较高的通货膨胀率，甘肃的社会养老保险基金连保值都没有办法做到，更别说增值了。针对上述问题，本研究尝试对甘肃社会养老保险进行一些制度上的优化设计。

6.2　甘肃社会养老保险一体化设计方案

我国养老保险模式是在计划经济体制下根据马克思的社会总产品扣除理论，在列宁有关社会保险原则指导下建立起来的养老保险制度，随着社会主义市场经济体制的建立和不断完善，这一模式已不适应当前甘肃的社会经济基础。而由甘肃于 20 世纪 90 年代首创的"社会统筹＋个人账户"模式，个人账户注重效率，基础养老金注重公平，在体现效率的同时又兼顾了公平。因此，本研究以"社会统筹＋个人账户"作为社会养老保险的统一模式，就甘肃社会养老保险制度进行一体化设计。

（1）社会养老保险的投保费由个人缴纳，个人投保费为其年人均收入的 15%，缴纳年限最少为 20 年，对于到享受养老保险时缴纳养老保险费不足 20 年的人群，可在缴费的最后一年一次交清，如果一次交清其经济负担过重，也可选择较低档次缴费或由子女及亲属代缴部分养老保险费。这是因为：第一，当前甘肃的国家养老保险个人不缴纳费用且实施国家养老保险的这些单位都是财政全额拨款，即使单位补贴，也是从国家财政收入中列支。企业职工社会养老保险中列入个人账户的投保费率为15%。因而本书中将个人投保费率设定为在职劳动者年人均收入水平的15%。另外，当前甘肃许多企业都处于产业结构的升级换代过程之中，取消企业投保费可有效减轻这些企业的养老保险负担使它们把更多的资金投入到新产品、新技术、新工艺等的研发和引进之中。同时取消企业缴纳养老保险费也降低了企业产品成本，使这些企业有更多的利润上缴国家税收，较高的财政收入比例使甘肃有更强的财政支配能力用于整个社会经济的统筹发展。鉴于当前甘肃劳动者的工作年限一般都在30年以上，将最低投保年限设计为20年，能够有效增加个人账户的资金积累额，提高社会养老保险的待遇标准。当前国际上社会养老保险总投保费率介于10%～20%，投保年限绝大多数国家也在20年左右，这一投保费率和缴费年限与国际上绝大多数国家相一致。

（2）根据国际上社会养老保险的缴费原则，其缴费基数都规定了相应的上限和下限，超过上限收入水平的劳动者其缴纳社会养老保险的标准以上限为最高缴费基数，低于下限的劳动者个人不缴纳养老保险费。其社会养老保险要么由所在单位按最低缴费标准缴纳，要么不缴纳社会养老保险费，到年老之后直接享受养老社会救助。结合甘肃当前在职劳动者的人均收入水平和国际上对社会养老保险上下限规定标准，本书中将甘肃在职劳动者年一体化收入的3倍作为缴费基数上限，将甘肃城乡贫困标准作为缴费基数下限，对于年收入低于甘肃城乡贫困标准的劳动者个人不缴纳养老保险费，直接按基础养老金标准享受社会养老救助。当前国际上绝大部分国家对社会养老保险都明确规定实行强制缴费，并按其收入水平的一定比例缴纳。考虑到当前甘肃城乡居民收入不稳定且人口规模庞大，农村居民占甘肃全体社会成员的比例将近一半，对其计算收入是一项几乎无法完成的工作。因此，笔者认为甘肃社会养老保险应采用强制和自愿相结合的原则，对于年收入水平高于甘肃城乡贫困标准的这一部分人群要求强制缴纳社会养老保险费，对于缴费档次，可让其根据根据自身的缴费能力自由选择，这样，既有利于扩大甘肃社会养老保险的覆盖率，也有利于降低甘肃在职劳动者缴纳社会养老保险费的经济负担。

（3）基础养老金待遇标准按甘肃在职劳动者一体化收入水平的 20% 发放，资金来源主要为中央政府和省级财政，其中东南沿海地区中央财政转移支付 50%，省级财政支付 50%，中西部地区全部由中央财政转移支付。这是因为：根据当前及未来一定时期内甘肃财政收支的现状，中央财政收入较少且支出较高，中央财政转移支付占当前甘肃财政总支出的比例达 50% 左右（2015 年甘肃大口径财政收入为 1386 亿元，大口径财政支出为 2965 亿元）。自 1994 年我国财税制度改革以来，中央与地方财政倒挂的态势明显，甘肃省作为我国西部欠发达省份，其财政支出远远高于财政收入，根本没有财力对社会养老保险进行补贴，市县区财政收支更是入不敷出。因而在甘肃社会养老保险的基础养老金资金来源中，甘肃社会养老基础养老金的财政补贴改由中央财政全部转移支付，笔者认为这一基础养老金资金来源和标准比较适合当前及未来一定时期内甘肃省情。

（4）建立并完善社会保险管理公司，将社会保险基金交由这些管理公司负责投资运营。这是因为：当前甘肃的社会养老保险基金投资收益率太低，城乡居民社会养老保险基金的投资运营收益率仅按一年期银行存款利率计算，企业职工社会养老保险尽管从各种渠道进行投资运营，但是其收益率较低，一些年份甚至出现一定程度的亏损。鉴于当前甘肃还没有社会保险基金管理公司，对社会保险基金的投资运营也缺乏相应的约束机制和监管机制，本设计借鉴智利社会养老保险基金管理公司的成功经验，在甘肃建立相应的社会保险基金管理公司，并对这些社会保险基金管理公司的投资收益状况、投资渠道、各种投资渠道的投资比例等根据国民经济的发展状况建立严格的监管调控机制。社会保险基金运营管理公司每年定期向投保人公布上一年度的投资运营收益状况，投保人可不定期地查阅个人账户的账面金额和投资收益率，并根据不同基金管理公司投资收益率的高低自由选择更换社保基金管理公司，以使社保基金运营收益率能够保持在较高的水平，确保养老保险待遇水平的提高，使老年人在退休后能够维持其正常生活需要。考虑到当前甘肃正处于工业化的加速发展阶段，在整个社会经济发展中需要大量的资金投资，将社会保险基金投入国民经济发展建设中，不仅能够有效地解决甘肃在工业化进程中出现的资金短缺问题，而且也有利于提高社会养老保险基金的投资收益率。

上述社会养老保险一体化设计方案在采用现行"社会统筹＋个人账户"模式的基础上，依据甘肃省情主要从养老保险的个人投保费标准、投保年限、基础养老金标准和社会保险基金公司的运营监管等几个方面进行了设计。其设计要点见表6.1。

表6.1　　　　　甘肃社会养老保险一体化设计要点

个人投保费率	个人投保费	投保年限	缴费上下限	基础养老金标准
15%	$PI \times 15\%$	≥ 20	$PL \leq HL \leq AI \times 3$	$AI \times 20\%$

注：表中 PI 为个人年收入水平，PL 为贫困标准，HL 为缴费基数，AI 为甘肃在职劳动者年人均收入水平。

从表6.1可知，甘肃社会养老保险的设计要点主要体现在以下三个方面：第一，社会养老保险的个人缴费标准以其年人均收入水平的15%为基础，并根据不同居民的缴费能力设计为相应的缴费档次。其缴费档次分别为 100 元，500 元，1000 元，1500元，2000 元……4500 元，5000 元，6000 元，7000 元……9000元，10000 元，11000 元……15000 元这 21 个档次，不同在职劳动者可根据其收入水平选择相应的缴费档次。随着甘肃在职劳动者年人均收入水平的提高，可增减相应的个人缴费档次，建立了一种动态的个人缴费标准调整机制。第二，社会养老保险基础养老金标准按甘肃在职劳动者年人均收入水平的 20% 发放，随着甘肃在职劳动者年人均收入水平的提高，基础养老金标准也相应提高，建立了一种动态的基础养老金标准调整机制。根据全省在职劳动者年人均收入水平设计基础养老金标准，较好地体现了社会养老保险的公平性原则，也将甘肃社会养老保险的统筹层级提高到省级层面。第三，建立社会养老保险基金管理公司，对其缴纳的社会保险基金进行投资运营，缴费档次越高，其投资运营收益额也越高，有利于提高甘肃在职劳动者缴纳社会养老的积极性和选择较高的缴费档次，建立了一种有效的社会养老保险缴费激励机制。

6.3　优化设计方案待遇标准

社会养老保险替代率是指劳动者年老时享受的养老保险待遇占其劳动时收入的一定百分比，通常用来衡量一个国家或者地区老年人享受养老保险待遇标准的高低。根据前文设计，甘肃社会养老保险一体化设计方案的替代率为个人账户年支付额除以甘肃在职劳动者年人均收入再加基础养老金替代率。下文建立个人账户资金积累模型和个人账户待遇支付模型就甘肃社会养老保险一体化设计方案的替代率进行测算。

6.3.1 数学模型构建

（1）社会养老保险个人账户基金积累模型。

鉴于当前甘肃对不同劳动者实行不同的养老保险制度，当甘肃全体劳动者都采用统一的社会养老保险制度时，对于那些到退休年龄时缴费年限不满 20 年和缴费年限达到 20 年的劳动者其社会养老保险个人账户资金积累和待遇支付本研究分别建立不同的数学模型。

第一，当个人缴费年限距退休年龄不足 20 年，即 $n < 20$ 时，其个人账户资金积累模型为：

$$Y_r = \sum_{t=1}^{r-m} A_t (1 + i_t)^{n-t+1} + M(1 + i_n) \qquad (6-1)$$

其中，Y_r 为退休时的个人账户积累额；r 为退休年龄，m 为第一年缴费时的年龄；A_t 为缴费期间第 t 年的个人账户缴费额；i_t 为缴费期间第 t 年的养老保险基金年投资收益率；M 为缴费不足 20 年时的补缴总额；i_n 为补缴当年的养老保险基金年投资收益率。

第二，当个人缴费年限距退休年龄达到 20 年，即 $n \geqslant 20$ 年时，其个人账户资金积累模型为：

$$Y_r = \sum_{t=1}^{n} A_t (1 + i_t)^{n-t+1} \qquad (6-2)$$

（2）社会养老保险个人账户待遇支付模型。

第一，当个人缴费年限距退休年龄不足 20 年，即 $n < 20$，其个人账户待遇支付模型为：

$$R_j = (Y_r/L)(1 + i_j)^j$$
$$= \left\{ \left[\sum_{t=1}^{r-m} A_t (1 + i_t)^{n-t+1} + M(1 + i_n) \right] / L \right\} (1 + i_j)^j \qquad (6-3)$$

其中，R_j 为在领取养老金第 j 年时个人账户年支付额；L 为支付年限；i_j 为在享受养老保险待遇第 j 年的养老保险基金年投资收益率。

第二，当个人缴费年限距退休年龄达到 20 年，即 $n \geqslant 20$ 年，其个人账户待遇支付模型为：

$$R_j = (Y_r/L)(1 + i_j)^j = \left[\left(\sum_{t=1}^{n} A_t(1 + i_t)^{n-t+1} \right)/L \right](1 + i_j)^j$$

$$(6-4)$$

6.3.2 甘肃社会养老保险一体化设计方案替代率测算

依据一体化设计方案的个人缴费档次和基础养老金标准，假定参保人都按与其收入水平相对应的缴费档次选择缴费，则全体在职劳动者的个人投保费为其年人均收入乘以个人投保费率相对应的缴费档次。根据 2015 年甘肃国民经济和社会发展统计公报，2015 年甘肃城乡居民一体化收入为 14206 元，全省就业人口 1487 万人，就业人口占总人口比例为 57.2%。按 15% 的个人投保费率计算，则 2015 年甘肃在职劳动者的年人均投保费在四舍五入后对应的缴费档次为 3500 元。依据一体化设计方案构建的社会养老保险个人账户资金积累模型和待遇支付模型，在结合现实的基础上笔者就未来一定时期内估算甘肃社会养老保险替代率的相关参数取值进行预测。2000～2015 年，甘肃在职劳动者一体化收入年增长率为 8.3%，考虑到当前甘肃进入产业结构的调整时期，国民经济发展从注重量的增加转向质的提升，其人均收入增长率会出现一定程度的下降，随着国民经济结构的不断调整和优化，其人均收入增长率将会逐步回升，因此，本研究保守估计在未来一定时期内甘肃在职劳动者一体化人均收入的年均增长率为 7.0%。鉴于自 20 世纪 50 年代至 20 世纪 70 年代中期甘肃实行鼓励人口增长的政策，70 年代末期后又实行极为严格的人口控制政策。随着 50 年代后人口出生高峰期出生的这一部分人群进入老年期，甘肃的人口老龄化进程将会加快，直至 70 年代末期后出生的这一部分人口进入老年期，甘肃的人口老龄化进程将逐渐放慢，其老年人口所占比例将进入一个相对稳定时期。即使按照 65 岁的退休年龄标准，2045 年后甘肃 80 年代后出生的这一部分人口也将进入老年期，因此本研究就 2015～2045 年甘肃社会养老保险一体化设计方案的替代率进行测算。据中国计生委统计数据，2000 年，甘肃人均预期寿命为 69.6 岁，截至目前，甘肃人均预期寿命为 74.8 岁，13 年期间人均预期寿命增加了近5 岁。这主要是因为随着甘肃国民经济和医疗卫生事业的发展其人均预期寿命得到了快速提高，但当人均预期寿命达到一定程度时，其增长会逐渐变缓，在人均预期寿命超过 75 岁后，许多国家每隔 5 年以上人均预期寿命才会提高一岁，一些国家甚至 10 年才提高 1 岁，我国政府在《国民经济和社会发展第十三个五年规划纲要》中也把每五年人均预期寿命提高 1 岁作为发展目标。因此，本书中假定在测算期内甘肃人均预期寿命每5 年提高 1 岁。

（1）不同年份甘肃在职劳动者一体化人均收入。以 2015 年甘肃在职劳动者一体化人均收入 24836 元为基数，按 7.0% 的年增长率计算在 2015～2045 年甘肃在职劳动者一体化年人均收入。2015～2045 年甘肃在职劳动者一体化人均收入见表 6.2。

表 6.2　　　2015～2045 年甘肃在职劳动者一体化人均收入　　单位：元

年份	2015	2020	2025	2030	2035	2040	2045
人均收入	24836	34770	48679	68150	95410	133574	187004

（2）在职劳动者在不同缴费年限的个人账户资金积累额。以 2015 年设定的在职劳动者个人账户平均缴费标准为基础，假设 2015 年个人开始缴纳年养老保险费，根据智利及南美一些国家社会养老保险的投资收益率，年均都超过了 10%。因此本研究按年均投资收益率 10% 测算其在不同缴费年限的投资收益额，采用上述式（6-1）和式（6-2）测算其个人账户资金累计额，不同缴费年限甘肃在职劳动者人均个人账户积累资金额见表6.3。

表6.3　　　　　不同缴费年限甘肃在职劳动者人均

个人账户积累资金额

缴费年限（年）	1	5	10	15	20	25	30
个人账户积累金额（元）	77000	124036	178567	286324	452387	731831	1215462

（3）在职劳动者在不同缴费年限的人均养老保险替代率。养老保险替代率为基础养老金替代率加个人账户替代率，基础养老金替代率为当年甘肃在职劳动者人均收入的 20%，个人账户替代率为个人账户资金积累额除以享受养老金待遇的年限再除以当年甘肃在职劳动者一体化人均收入。当前甘肃国家养老保险制度和企业职工社会养老保险制度绝大多数为男 60 岁、女 55 岁。这一退休年龄标准是 20 世纪 50 年代制定的，由于当时劳动者受教育年限较短，其参加工作的初始年龄较早，再加上人均预期寿命较短，其享受养老待遇的年限也较短，养老负担也在国家的承受范围之内。但随着甘肃人均受教育年限的增加和接受高等教育人口比例的显著提高，劳动者参加工作的初始年龄大大延迟，再加上我国人均预期寿命相对于 50 年代提高很多，因此这一退休

标准已不适合目前我国国情。甘肃现行城乡居民社会养老保险制度中规定享受社会养老保险待遇的最低年龄男女均为 60 岁，考虑到城乡居民主要从事的都是一些中重体力型劳动，这一享受社会养老保险待遇的年龄标准也适宜于行政事业单位和企业职工。因此本研究将享受养老金的年龄标准均按男女 60 岁计算，并根据人均预期寿命的延长就享受养老金的年龄标准进行适时延长，故本书中假定 2015 ~ 2045 年甘肃老年人口领取养老金的分别为年限为 15 年。采用上述预测设定的各项数据，结合表 6.2、表 6.3 中估算的数据和上文中构建的式（6 - 3）和式（6 - 4）就甘肃社会养老保险一体化设计方案的替代率进行测算。计算结果见表 6.4。

表 6.4　　　　不同缴费年限甘肃在职劳动者人均养老保险替代率

缴费年限（年）	1	5	10	15	20	25	30
替代率（%）	41.82	43.17	46.93	54.61	59.53	69.19	99.48

从表 6.4 可知：第一，随着缴费年限的增加，甘肃人均社会养老保险替代率逐步提高，在缴费年限为 1 年时其替代率为41.82%，在缴费年限为 20 年时其替代率为 59.53%，在缴费年限达到 30 年时其替代率高达99.48%。这主要是因为，在缴费期限较短时，其社会养老保险的投资运营收益额相对较少从而使个人账户的资金积累有限，导致社会养老保险替代率较低，随着缴费期限的增加，其个人账户的基金投资运营收益率相对于在职劳动者的一体化收入水平增长较快，从而使其替代率随着缴费期限的增加而提高。第二，根据一体化设计方案的社会养老保险最低缴费年限为 20 年。在缴费年限为 20 年时，一体化设计方案的社会养老保险替代率为 59.53%，与甘肃社会养老保险平均替代率

为 60% 的改革目标接近。在缴费年限不足 20 年时，尽管其社会养老保险替代率较低，介于 41.8% ~ 59.53%，但也在国际上社会养老保险 40% ~ 60% 的合理替代率区间范围之内，根据国际经验，40% ~ 60% 的养老保险替代率基本能够满足老年人口维持基本生活的各种需要。

6.4 本 章 小 结

6.4.1 研 究 结 论

基于上述对甘肃社会养老保险的一体化设计及对其设计方案待遇水平和经济负担测算，可得出如下结论及相应对策建议。

第一，在采用"基础养老金 + 个人账户"模式的基础上，基础养老金标准为甘肃在职劳动者年人均收入水平的 20%，基础养老金主要由中央财政全额转移支付。个人缴费按在职劳动者年均收入的 15% 作为基础，依据在职劳动者的年收入水平按照四舍五入法设定 21 个档次，由个人根据其经济支付能力选择相应的缴费档次进行缴费。根据甘肃在职劳动者的年平均收入指标设计个人账户筹资标准和基础养老金标准，使个人账户筹资标准和基础养老金标准都能够依据在职劳动者年人均收入水平的变化进行调整，建立起一种内生的社会养老保险动态调整机制。

第二，基础养老金标准和个人分档缴费标准按照甘肃在职劳动者平均收入水平设计，一方面将甘肃社会养老的统筹层次提升到甘肃层面，便于消除目前甘肃养老保险的"碎片化"问题；另一方面将基础养老金标准在全省设为统一的标准，能够较好地体现社会养老保险的公平性原则。个人账户分档缴费则考虑了甘肃社会经济发展水平的不平衡，收入水平较高的劳动者可选较高的档次缴费，收入水平较低的劳动者可选择较低的档次缴费，从而弥补由于统一的基础养老金标准造成的收入较高居民基础养老金替代率低于收入较低劳动者的状况，并使甘肃不同收入层次劳动者的社会养老保险都具有适宜的总替代率。个人投保采用强制和自愿相结合的原则，要求每个在职劳动者强制投保，有利于提高甘肃养老保险的覆盖率，从而满足保险经营的大数法则和平均法则。要求每个在职劳动者根据其经济支付能力在设定的档次内自愿选择，有利于消除部分在职劳动者的经济负担，且个人缴费全部纳入个人账户，个人缴纳的档次越高，其个人账户资金积累就越多。采取自愿原则选择社保基金管理公司，有效地加强了社保基金管理公司的竞争，有利于提高社会保险基金的投资运营收益率，进而提高社会养老保险的待遇水平。

第三，根据甘肃社会养老保险的一体化设计方案，假定个人缴费档次选择与其在职劳动时收入水平相对应，建立计量模型对其社会养老保险的待遇水平进行测算。在缴费期限为 20 年时，社会养老保险的替代率为 59.53%。这与甘肃社会养老保险 60% 替代率的改革目标接近，缴费期限低于 20 年时其社会养老保险的替代率也在国际上社会养老保险 40% ~ 60% 替代率的合理范围之内。基于当前甘肃省情，通过对未来一定时期内甘肃在职劳动者收入水平、国内生产总值增长率、人口规模及老年人口比例等的预测，就甘肃社会养老保险一体化设计方案的支出水平进行了测算，依据其测算结果并结合穆怀忠等人对甘肃当前及未来一定时期内社会保障适度支出水平上下限范围的研究。一体化设计方案的社会养老保险支出水平在 2015 ~ 2050 年位于甘肃社会保障适度支出水平的上下限范围之内。

第四，社会养老保险待遇水平的高低，除了与缴费年限、个人投保费以及基础养老金标准紧密相关外，还与社会养老保险基金运营收益的高低直接相关。本书依据智利社会养老保险基金的投资运营成功经验，设计在甘肃建立社会保险基金管理公司，由这些管理公司对社会养老保险基金进行投资运营，以使社会保险基金实现较高的投资运营收益率。鉴于当前甘肃社保基金投资运营收益不太理想，且社会保险基金投资运营的约束机制和监管机制还有待于进一步健全和完善。因此，暂时可借鉴新加坡中央公积金模式对社会养老保险采用的投资运营方式，根据投保人的意愿将部分社会养老保险基金存入银行，并对其按 10% 的年利率由商业银行支付相应的存款利息，社会保险基金存款利率与商业银行实际存款利率的差额可由政府财政对其补贴，待社会保险基金管理公司的约束机制和监管机制相对完善之后，再将全部社会养老保险基金交由这些管理公司进行投资经营。

6.4.2　结语

本章针对当前甘肃省养老保险模式不一致、不同养老保险制度待遇标准差异较大及养老保险基金的投资运营收益率太低等问题，从养老保险模式、养老保险资金来源渠道及筹资标准、社会养老保险基金投资运营监管等方面就建立甘肃省一体化的社会养老保险进行了制度设计。并建立计量模型就社会养老保险一体化设计方案的各级政府财政负担和社会养老保险的替代率等进行了测算。通过对社会养老保险一体化制度设计的测算和分析可知，该设计方案符合甘肃省省情。本研究试图为甘肃省政府制定社会养老保险制度提供理论支撑和实证分析的依据，进而有效地解决甘肃省因"未富先老"和人口老龄化逐步加深而对社会经济发展造成的负面影响。

第 7 章

甘肃省社会养老保险适度支出水平研究

社会养老保险支出水平是指一个国家或者地区社会成员享受养老保险待遇标准的高低程度，一般按社会养老保险支出总额占同期财政支出或国内生产总值的比例来表示。社会养老保险支出水平在养老保险发展中是一项极为重要的因素，直接影响着一个国家或地区养老保险的资金供求状况，间接影响着一个国家或者地区养老保险的可持续发展。由于影响社会养老保险支出水平的一些因素其合理取值范围不尽相同，因而其适度支出水平也有一个合理区间界限。当一个国家或者地区的社会养老保险支出水平超出合理区间的上限时，其支出水平超出了该国社会经济的承受能力，表明其社会养老保险支出水平处于超度状态。当低于一个国家或者地区的社会养老保险支出水平合理区间的下限时，其支出水平不能有效落地保障老年人基本生活的需要，表明其社会养老保险支出水平处于低度状态。国际经验证明，一个国家在经济发展的不同阶段其社会养老保险适度支出水平是不同的，一般来说，社会经济发展水平越高，其社会养老保险的适度支出水平越高。当社会养老保险支出水平处于适度区间上下限范围之内时能够有效促进社会经济发展，在适度区间上下限范围之外时将阻碍社会经济的可持续发展，不利于社会的和谐稳定。因此，本书尝试就当前及未来一定时期内甘肃社会养老保险的适度支出水平进行分析和探讨，以利于甘肃社会养老保险制度的健全及整个社会经济的可持续发展。

7.1　甘肃省社会养老保险适度支出水平测定

7.1.1　测定模型构建

为了构建甘肃社会养老保险适度支出水平的计量模型并对其适度支出水平进行测算，现做以下一些基本假定。

（1）社会养老保险支出水平按年社会养老保险支出总额占同期国内生产总值的一定百分比来表示。

（2）社会养老保险覆盖甘肃所有在职劳动人口，具备资格的任何老年人都能够按社会养老保险的规定享受养老保险待遇。

（3）鉴于在职劳动人口缺乏相关统计数据资料且劳动年龄人口能够较好地代表在职劳动人口的养老负担状况，故采用国内外常用的劳动年龄人口替代在职劳动人口估算甘肃社会养老社会保险适度支出水平。

（4）社会养老保险待遇标准采用替代率计算，养老保险替代率是指人均社会养老保险金额占其在职劳动时人均收入的一定百分比。

根据上述假定条件，甘肃社会养老保险适度支出水平可用下式来表示：

$$Y = M/G \tag{7-1}$$

其中，Y 为甘肃某一年度社会养老保险支出水平，M 为甘肃某一年度社会养老保险支出总额，G 为同期甘肃国内生产总值。

设甘肃某一年度人口总量为 T，老年人口所占比例为 X，养老保险待遇标准为 E，则甘肃某一年度社会养老保险支出总额 M 可用下式来表示：

$$M = T \times X \times E \qquad (7-2)$$

社会养老保险待遇标准采用社会养老保险替代率 R 表示，即：

$$E = \overline{W} \times R \qquad (7-3)$$

其中，$\overline{W}$ 为甘肃在职劳动者年人均收入水平，R 为甘肃社会养老保险替代率，则式（7-2）可改为：

$$M = X \times \overline{W} \times R \times T \qquad (7-4)$$

按照柯布—道格拉斯生产函数中有关生产要素分配原理，笔者把国内生产总值的要素投入分为两个部分，即劳动生产要素投入和资本生产要素投入，并且假定国内生产总值分配按照两者各自的要素投入比例进行分配，则甘肃国内生产总值可以表示为：

$$G = AK^{1-a}L^a \qquad (7-5)$$

其中，A 为在特定技术因素下的全要素生产率，K 为资本总投入量，L 为劳动总投入量，a 为劳动要素对国内生产总值的贡献率（$0 < a < 1$）。

在柯布—道格拉斯生产函数中，在职劳动者年收入总额占国内生产总值的比例为劳动生产分配系数，假设用 P 表示劳动生产要素分配系数，在职劳动者年收入总额 S 为 $T \times \overline{W}$，那么 P 可表示为：

$$P = T \times \overline{W}/G = a \qquad (7-6)$$

根据上述分析，就可以得到甘肃社会养老保险适度支出水平的计量模型为：

$$Y = X \times R \times P \qquad (7-7)$$

从上述模型可以看出，甘肃社会养老保险适度支出水平主要由老年人口比例、劳动生产要素分配比例、社会养老保险替代率这三个变量来决定。因此，要确定社会养老保险支出水平的适度界限，就需要先对这些变量的参数进行取值。

7.1.2　相关参数取值

由于不同时期实行不同的人口政策，因此随着 20 世纪 50 ~ 70 年代人口增长高峰期出生的这一部分人口进入老年，甘肃的人口老龄化将会加剧。按照当前甘肃 60 岁的法定退休年龄，在 2010 年甘肃 50 年代后出生的这一部分人口已相继进入老年，直至 80 年代后出生的这一部分人口进入老年，甘肃的人口老龄化进程将放缓。为此，本研究根据影响甘肃社会养老保险支出水平的几个关键变量就其在 2014 ~ 2040 年这一期间的社会养老保险适度支出水平取值后进行分析。

（1）老年人口比例。

当前甘肃绝大多数在职劳动者按照 60 岁的法定退休年龄进行退休。因此本研究分别以 60 岁及 60 岁以上人口比例作为甘肃社会养老保险适度支出水平的养老金领取起始年龄。根据第五次全国人口普查数据和 2015 年人口数据的相关资料，2015 年甘肃 60 岁及 60 岁以上老年人口比重为 14.99%，比 2000 年第五次全国人口普查提高了 4.57 个百分点，60 岁及 60 岁以上老年人口比例年均分别增加 0.35%。鉴于未来一定时期内甘肃人口老龄化进程加剧和人均预期寿命延长的态势。本书设定甘肃 2014 ~ 2040 年 60 岁及 60 岁以上老年人口比例每年增加 0.40 个百分点。

（2）劳动生产要素分配系数。

根据柯布—道格拉斯生产函数中关于劳动边际产出和资本边际产出的估算，劳动产出占总产出的比例为 75%，资本产出占总产出的比例为 25% 。因此本研究设定甘肃的劳动生产要素分配系数为 75% 。

（3）社会养老保险替代率。

当前绝大部分国家的社会养老保险合理替代率介于 40% ~ 60% 之间，鉴于甘肃当前人均收入水平较低，并且甘肃也将社会养老保险的替代率改革目标设定为 60% 左右，故本研究将甘肃社会养老保险替代率的下限设定为 50% ，上限设定为 70% 。

7.1.3 甘肃社会养老保险适度支出水平测定

在上述参数取值确定后，应用文中设计的计量模型就 2015 ~ 2040 年甘肃社会养老保险的适度支出水平进行测算，测算结果见表 7.1 。

表 7.1 　　2014 ~ 2040 年甘肃社会养老保险适度支出水平

年份	老年人口比例（%）	劳动生产要素分配系数	养老保险替代率（%）	养老保险适度支出水平（%）
2015	15.39	75.00	50.00 ~ 70.00	5.73 ~ 8.03
2020	17.79	75.00	50.00 ~ 70.00	6.64 ~ 9.29
2025	19.79	75.00	50.00 ~ 70.00	7.39 ~ 10.34
2030	21.79	75.00	50.00 ~ 70.00	8.14 ~ 11.39
2035	23.79	75.00	50.00 ~ 70.00	8.89 ~ 12.44
2040	25.79	75.00	50.00 ~ 70.00	9.64 ~ 13.49

从表 7.1 可知：

（1）人口老龄化进展极为迅速，老年人口规模极其庞大。尽管在 2000 年甘肃刚刚步入人口老龄化社会，但在 2020 年甘肃 60 岁及 60 岁以上的老年人口比例将达 19.79% ，到 2040 年老年人口比例将高达 25.79%。国际经验证明，人口老龄化是工业化发展的必然趋势，但和其他已进入人口老龄化社会国家不同的是这些国家在进入人口老龄化社会之前已经完成了工业化，而甘肃还正处于工业化的加速发展阶段，不仅人口年龄结构属于典的"未富先老"而且人口老龄化进展极为迅速，未来一段时期内将超过目前为止世界上任何一个国家老年人口的比例而达到人口老龄化的峰值。这主要是因为甘肃人口规模过于庞大，导致在 20世纪 80 年代后实行极为严格的人口控制政策，使少年儿童人口比例严重偏低，随着 20 世纪 50 年代人口出生高峰期出生的这一部分人群进入老年，老年人口比例将急剧提高。

（2）甘肃社会养老保险的适度支出水平呈逐年上涨的态势。2015 年甘肃社会养老保险的适度支出上下限分别为 8.03% 和5.73%，2030 年的上下限分别达 11.39% 和 8.14%，到 2040 年社会养老保险适度支出水平的上下限达 13.49% 和 9.64%，不论社会养老保险适度支出的上限和下限都呈逐年上涨的趋势。这主要是因为随着人口老龄化社会程度的加深，整个社会用于老年社会保障的支出必然增加，否则将满足不了这些老年人维持正常生活的需要。当老年人口的基本生活需要得不到保障之后，其晚年生活凄景惨淡，不仅会影响在职劳动者的工作积极性，不利于整个社会的经济发展，还会引起各种社会矛盾冲突，影响整个社会的稳定。

（3）社会养老保险适度支出区域界限逐步扩大。2015 年甘肃社会养老保险的适度支出上下限相差 2.30 个百分点，2030 年的上下限相差 3.25 个百分点，到 2040 年时社会养老保险适度支出上下限相差 3.85 个百分点，社会养老保险适度支出上下限的差值都呈逐年扩大趋势。这主要是因为随着人口老龄化社会程度的加深，即使社会养老保险的替代率范围一直保持在原有水平不变，由于老年人口比例逐年上升，其社会养老保险适度支出上下限的差值都会扩大。另外随着一个国家社会经济的发展，人们收入水平的不断提高，政府用于老年社会养老的财政支配能力越来越强，政府除了保障老年人正常的生活需要而外，还会逐步增加老年人的社会福利，提高老年人文化、精神等方面的需要。这无疑会提高社会养老保险适度支出水平的上限，导致社会养老保险适度支出上下限的差值逐年扩大。

7.2　甘肃省社会养老保险实际支出水平分析

由于甘肃针对不同职业群体采用不同的社会养老保险制度，且不同社会养老保险制度的待遇标准差异较大，因而本研究将甘肃老年人口享受养老保险的人群根据享受养老保险制度的不同分为四个部分，即国家行政机关退休人员、事业单位退休人员、企业职工退休人员和城乡居民老年人口①。然后根据相关统计资料就 2015 年度甘肃社会养老保险的实际支出水平进行分析，2015年甘肃国内生产总值为 6790 亿元，享受社会养老保险待遇的老年人口总量为 389 万人，社会养老保险总支出为 287 亿元，社会养老保险的实际支出水平为 4.22%。

由此可知：

（1）当前甘肃社会养老保险的整体支出水平低于适度支出水平的下限。2015 年甘肃社会养老保险适度支出水平的下限为5.73%，但 2015 年甘肃社会养老保险的实际支出水平仅为

---

① 根据城镇居民社会养老保险制度和新型农村社会养老保险制度覆盖范围，本章所指的城乡居民是指没有被国家养老保险制度和城镇企业职工养老保险制度覆盖的部分城镇居民和所有农村居民。

4.22%，低于适度支出水平的下限。养老保险实际支出水平的偏低不仅不能有效地保障老年人各项生活的需要，还会影响养老保险在社会经济发展中的各种功能和作用的实现。

（2）行政事业单位退休人员的养老保险待遇太高。尽管甘肃社会养老保险的总体支出水平较低，但行政事业单位人员的养老金标准普遍过高，行政机关单位退休人员的养老金替代率达90%以上，事业单位的养老金替代率达80%以上，远远高于国际上养老保险40%～60%的替代率。鉴于这一部分群体在国民收入的初次分配中其收入水平本身高于全国在职劳动者人均收入水平，因而其社会养老保险的绝对待遇标准也远高于城镇企业职工和城乡居民的社会养老保险待遇标准。

（3）城乡居民社会养老保险的待遇标准过低。2015年甘肃城乡居民享受的养老金待遇标准仅为年人均1423元，即使按2015年农村在职劳动者年收入水平，其社会养老保险替代率也不足10%，远远低于国际上社会养老保险40%替代率的下限。由于这一部分人群收入水平本身很低，极低的社会养老保险待遇标准难以有效保障这些老年人的基本生活需要。

（4）企业职工社会养老保险待遇标准比较适宜。2015年甘肃企业职工社会养老保险的年人均待遇标准为2.25万元，企业退休人员养老保险待遇标准是甘肃城乡在职劳动者人均收入水平的69.7%，是城镇在职劳动者人均收入水平的47.3%。与本书设定的社会养老保险50%～70%的替代率基本一致。这一部分群体在国民收入的初次分配中其收入水平略高于人均收入水平，社会养老保险的绝对待遇标准也与甘肃城镇在职劳动者的人均消费支出接近，不论其社会养老保险的替代率还是绝对待遇标准都比较适合甘肃省省情。

7.3 讨　　论

社会养老保险作为社会保障体系的主要组成部分，其支出水平对一个国家或者地区社会经济的发展会产生不同影响。当社会养老保险的实际支出水平低于适度支出水平时，它难以有效地保障老年人的基本生活需要，不利于整个社会的安定团结和生产效率的提高。这是因为老年人口年老后患病住院的概率较大，即使他们能够享受相应的社会医疗保险待遇，但仍需要自己支付部分费用。另外，老年人从工作岗位上退下来之后，生活孤寂，还需要提供相应的文化娱乐设施来满足其对精神文化生活的需求。因此，老年人不仅需要物质上的保障还需要服务和精神上的保障。当一个国家或者地区社会养老保险的实际支付水平较低时，不仅难以有效满足老年人维持正常生活的物质需要，更谈不上服务和精神上的保障，这必然导致老年人产生悲观厌世情绪，进而引发各种社会矛盾冲突。与此同时，在职劳动者看到老年人当前的生活窘况后，自然会联想到自己将来的生活状况，从而影响其在职劳动时的积极性，不利于整个社会生产效率的提高。

当社会养老保险的实际支出水平高于适度支出水平时，尽管它能够有效地保障老年人的基本生活需要，但较高的社会养老保险支出也会给整个社会经济的发展带来较重的经济负担，不利于整个社会经济的可持续发展。这是因为，在一个国家或者地区的国民收入中，消费和储蓄之间是一种此消彼长的关系，国民收入中储蓄的部分主要被用于投资生产促进社会经济发展。当社会养老保险的实际支出水平较高时，整个社会用于消费的部分增加，用于投资的部分减少，投资减少必会导致国民经济增长率降低。国家政府为了促进社会经济发展将通过增加财政支出进行投资，导致财政赤字急剧扩大。另外，较高的社会养老保险待遇与在职劳动者和企业缴纳的养老保险费高度相关，当在职劳动者和企业缴纳的社会养老保险费摊入企业的生产成本时必然会导致企业生产成本增加，从而降低了企业产品在国际市场上的竞争力。因而只有当社会养老保险的实际支出水平保持在适度支出水平范围之内，既能够有效地保障老年人的基本生活需要，也有利于整个社会经济的可持续发展。

当前甘肃社会养老保险的实际支出水平较低，特别是城乡居民社会养老保险的实际支出水平极低。究其原因，主要表现在以下三个方面：第一，城乡居民社会养老保险基础养老金标准太低。2015 年甘肃城乡居民社会养老保险的基础养老金标准为年人均 720 元。基础养老金一方面体现养老保险的公平性和互济互助性原则；另一方面主要为保障居民最基本的生活需要，因而其标准一般都会按居民维持最低生活所需要的各项生活费用设定，当前甘肃城乡居民的基础养老金标准只有甘肃当前农村贫困标准的 1/4。第二，城乡居民社会养老保险实施时间较短，个人缴费档次较低。根据当前甘肃城乡居民社会养老保险制度规定，个人缴费不足 15 年的可以在最后一年内一次性交齐，对于年龄已经超过 60 岁的，个人可以不进行缴费而按基础养老金待遇标准发放。由于甘肃城乡居民社会养老保险制度实施时间还不到五年且他们的收入水平较低，按照较高档次一次性补缴多年的养老保险费其经济负担过于沉重，因此他们一般都会选择较低水平的缴费档次进行缴费。第三，城乡居民社会养老保险的资金来源渠道主要为个人缴费和地方政府补贴，个人缴费越多起地方政府补贴越多且地方政府财政补贴标准不低于年人均 30 元。鉴于当前甘肃中央与地方财政收入倒挂的现实状况，地方政府特别是中西部地区的地方政府都需要靠中央财政转移支付来维持整个财政的运转，根本没有有效的财政收入来对社会养老保险进行足额补贴。

相对于城乡居民极低的社会养老保险待遇标准，国家机关事业单位的人均养老保险待遇标准很高。这一部分人群当前仍采用国家养老保险制度，这一制度是在计划经济体制下根据马克思的社会总产品扣除理论，在列宁有关社会保险原则指导下建立起来的，与以前的苏联国家养老保险制度相比较，苏联在养老保险的在职劳动收入水平与替代率上采用逆相关原则，而甘肃采用正相关原则，使国家机关事业单位人员的养老保险待遇极高。由于这一制度是甘肃在计划经济体制下制定的，随着社会经济体制的转变当前已不适应甘肃的经济基础。企业职工社会养老保险制度是在 20 世纪 80 年代后随着甘肃社会经济体制的转变，根据市场经济机制建立起来的一种社会养老保险制度。根据前文分析，这一制度的筹资模式、筹资标准、资金来源比例、待遇标准及养老保险的实际支出水平都比较适合当前甘肃国情。这种针对不同人群实行不同养老保险待遇标准且收入水平越高养老保险替代率越高的养老保险体制，不仅有违于社会保障的公平性原则，不利于缩小居民收入差距，而且还会引起各种社会矛盾冲突。因此应以城镇企业职工社会养老保险的筹资标准、筹资比例和待遇标准等为基础，建立全国统一的社会养老保险制度，一方面有利于消除当前甘肃养老保险的"碎片化"状况，降低整个社会养老保险衔接转移的运行成本；另一方面也有利于消除当前甘肃针对不同人群实施不同社会养老保险制度而造成的待遇差异，有效保障老年人基本生活需要。

7.4　本章小结

7.4.1　研究结论

本章采用历年相关统计资料并构建计量模型就 2014～2040 年甘肃社会养老保险适度支出水平和当前甘肃社会养老保险实际支出水平进行了比较分析。当前甘肃社会养老保险的总体实际支出水平位于适度支出水平的下限，但在不同群体间养老保险的待遇标准差异较大。机关事业单位养老保险的待遇标准很高，城镇企业职工的养老保险筹资标准和筹资渠道比较适合当前国情，其养老保险的替代率也与甘肃社会养老保险替代率的合理取值区间相一致，城乡居民社会养老保险的替代率极低，难以满足这些老年人维持基本生活的需要。根据上述研究结论，本书拟从以下几个方面提出相应的对策建议。

（1）进一步健全甘肃城镇企业职工社会养老保险制度。

当前甘肃城镇企业职工已建立了与社会主义市场经济体制相一致的社会养老保险制度。其养老保险的资金来源渠道和筹集模式也符合当前国际上社会养老保险制度中三分筹资和部分积累筹资模式的发展趋势，养老保险的替代率既与当前国际上养老保险的替代率合理取值相符合，也能够保障甘肃企业职工的基本生活需要。但相对于目前国际上社会养老保险的筹资标准，甘肃城镇企业职工社会养老保险的总投保费率较高，8% 的个人投保费率和 20% 的企业投保费率会给甘肃企业及企业职工造成较重的经济负担，不利于提高人民的生活水平和企业产品在国际市场上的竞争能力。与此同时，当前甘肃企业职工社会养老保险的投资收益率较低，影响了企业职工的社会养老保险待遇。因此，应逐步地降低甘肃城镇企业职工社会养老保险的总投保费率，完善社会养老保险的投资运行渠道和投资比例，提高社会养老保险基金的投资运行收益率，既有效地降低了甘肃企业和企业职工的经济负担，又能够有效地保障企业职工维持老年基本生活的需要。

（2）改革机关事业单位的养老保险制度，建立全国统一的社会养老保险制度。

当前甘肃行政事业单位退休人员仍然沿用国家养老保险制度，随着社会主义市场经济体制的健全和完善，作为上层建筑的国家养老保险制度已不适应当前甘肃的经济基础，因此应对这一社会养老保险制度进行改革。甘肃城镇企业职工社会养老保险制度采用"社会统筹＋个人账户"模式，根据前文分析，这一模式比较适合甘肃国情，且企业职工社会养老保险已在筹资渠道、筹资标准、筹资模式、基础养老金标准等方面建立了一套相对完整的制度。鉴于城镇企业职工社会养老保险制度在甘肃已成功了运行了近 20 年，有效地保障了甘肃企业退休职工的基本生活，因此应借鉴甘肃城镇企业职工养老保险制度，改革当前甘肃机关事业单位的养老保险制度，在机关事业单位社会养老保险制度中采用"社会统筹＋个人账户"模式，并根据机关事业单位的性质，就筹资渠道、筹资标准和基础养老金待遇等方面建立与城镇企业职工相一致的社会养老保险制度。

（3）完善城乡居民社会养老保险制度。

根据上述分析，当前甘肃城乡居民老年人口比例较大，占全国老年人口的 60％ 以上。尽管城乡居民社会养老保险也采用"社会统筹＋个人账户"模式，但其社会养老保险的地方政府财政补贴标准和基础养老金待遇标准都远低于城镇企业职工社会养老保险待遇标准，因而其养老保险待遇标准很低。即使按照

2016 年农村在职劳动者年人均纯收入标准，其养老保险的平均替代率也不足 10%，远远低于国际上 40%～60% 养老保险替代率的合理取值区间，养老保险绝对待遇标准甚至低于 2016 年甘肃的农村贫困标准，难以有效维持甘肃城乡居民维持基本生活的需要。鉴于甘肃城乡分割二元社会经济格局在短期内还难以完全改变，城乡居民社会养老保险的覆盖人群主体为农村居民，这一部分人群其收入不仅较低而且不稳定，与城镇企业职工和机关事业单位收入水平差距较大。因此，应以甘肃农村在职劳动者年人均收入水平作为确定个人缴费档次、地方政府财政补贴标准和基础养老金标准的基础，提高城乡居民社会养老保险的个人缴费、地方政府补贴和基础养老金标准，使其与城镇企业社会养老保险的个人投保费率、企业投保费率和基础养老金相对待遇标准相一致。这样，既有效地贯彻了多缴多补的原则，也有利于提高城乡居民养老保险的基础养老金标准和替代率，有效地保障城乡居民维持基本生活的需要。

（4）"社会统筹 + 个人账户"社会养老保险的个人账户采用名义账户制。

名义账户制是将个人和企业缴纳的养老保险费直接支付给当前老年人口进行养老，将缴费权益计入个人账户用于缴费者在老年时进行养老。尽管个人账户在缴费时没有实际存入现金，但在老年时严格按名义账户的缴费权益记录和投资收益率享受社会养老保险待遇。由于名义账户没有实际资金积累，因而其名义资产的投资增值按缴费年份的国民经济增长率来记录投资收益权益。鉴于当前甘肃社会保险基金的投资运营机制很不健全，使城镇企业职工社会养老保险的投资收益率很低，个人账户采用名义账户制后不存在社会保险基金的投资收益问题，解决了甘肃社会养老保险基金投资运营收益较低的问题。由于甘肃机关事业单位的养老保险目前仍采用国家保险制度,在向"社会统筹 + 个人账户"养老保险制度的转型过程中,如果采用个人账户实际资金积累制,必然导致机关事业单位社会养老保险在转型中形成巨大的"隐形债务"。如果城乡居民社会养老保险按城镇企业职工社会养老保险的筹资标准和筹资来源比例进行缴费且个人账户采用实际资金积累制,则城乡居民社会养老保险由地方财政补贴的这一部分资金将给甘肃财政支出带来不可承受的经济负担。由于名义账户制实质上是按照工龄来记录缴费权益,并不存入实际资金,因此既能够避免机关事业单位社会养老保险转型过程中引起的"隐性债务"问题,也能够避免机关事业单位社会养老保险和城乡居民社会养老保险在采用个人账户实际资金积累时带来的政府财政双重补贴负担。

(5) 分阶段、渐进地延迟退休年龄。

当前甘肃正处于工业化和城镇化的加速发展阶段,适度的社会养老保险支出水平不仅有利于保障甘肃老年人维持基本上生活的需要,而且有利于促进甘肃工业化和城镇化的尽快完成,进而推动甘肃社会经济的可持续发展。但不同于其他发达国家的是这些国家在工业化完成之后人口年龄结构才进入老龄化社会,而甘肃正处于工业化和城镇化的中期阶段,其人口年龄结构已进入了老龄化社会阶段,属于典型的"未富先老"。为了减轻人口老龄化给甘肃社会经济发展造成的财政支出负担,除了个人账户采用名义账户制之外,还应该分阶段、逐步地提高甘肃退休人口的年龄标准。这是由于当前甘肃的退休年龄标准较低,平均退休年龄还不到 60 岁,国外发达国家的平均退休年龄标准绝大部分为 65 岁,与这些国家相比,甘肃的平均退休年龄提前了 5 年以上。当前甘肃的人均预期寿命已经达到了 75 岁,与工业化国家的人均预期寿命相差近为 5 岁。随着医疗卫生事业的逐步发展和进一步健全，甘肃人均预期寿命会进一步提高。因此应根据甘肃人口的老龄化程度和人均预期寿命的延长，分阶段、有步骤地延长甘肃的退休年龄标准，降低甘肃社会养老保险的实际支出水平，促进甘肃社会养老保险事业和整个社会经济的可持续发展。

7.4.2　结语

本章采用历年相关统计数据资料并构建计量模型就 2014～2040 年我国社会养老保险的适度支出水平和当前我国社会养老保险的实际支出水平进行了测算和分析。分析结果表明，当前我国社会养老保险的总体实际支出水平低于适度支出水平，但由于在不同人群采用不同的社会养老保险制度，机关事业单位社会养老保险的实际支出水平很高，城镇企业职工社会养老保险的实际支出水平较为适宜，城乡居民社会养老保险实际支出水平极低。鉴于当前我国针对不同人群实施不同的社会养老保险制度且不同社会养老保险制度待遇标准差异较大，该文以企业职工养老保险的"社会统筹＋个人账户"模式为基础就建立全国统一的社会养老保险提出了相应对策建议，以利于我国社会养老保险的可持续发展。

第 8 章

甘肃省社会养老保险服务体系研究

　　甘肃省自 1997 年对城镇企业职工养老保险改革后，又于 2009 年和 2011 年分别在农村居民和城镇灵活就业人员中建立了社会养老保险制度，随着 2015 年甘肃对机关事业单位工作人员养老保险的改革和颁布实施，在甘肃建立起了以"社会统筹＋个人账户"为基本模式的社会养老保险制度。尽管针对不同人群的社会养老保险待遇标准不尽相同，特别是针对农村居民和城镇灵活就业人员的社会养老保险待遇标准很低，可与过去农村居民和城镇灵活就业人员社会养老保险制度的缺失相比较，当前甘肃的社会养老保险制度至少实现了对所有劳动者的全覆盖。然而相较于社会养老保险的经济保障，甘肃社会养老保险的服务保障则严重滞后，养老服务严重缺失使甘肃老年人口对养老服务的基本需求难以满足，导致老年人口生活质量下降，晚年生活凄凉。与此同时，根据 2000 年第五次人口普查数据公报、2010 年第六次人口普查数据公报和 2015 年中国国民经济与社会发展统计数据公报的相关数据资料，甘肃在 2000 年已进入人口老龄化社会阶段，且人口老龄化呈快速发展趋势。国外发达国家在人口老龄化之前已经实现了工业化和城镇化，而甘肃还处于工业化和城镇化的加速发展阶段。如果不能有效解决甘肃老年人口的养老服务问题，必然会对甘肃快速推进的工业化和城镇化产生严重负面影响。为此，甘肃在"十二五"规划中将社会养老保险服务体系建设纳入了公共服务体系建设范畴之中，试图通过建立社会养老服务体系来保障甘肃老年人口对养老服务的基本需求。

8.1　甘肃省社会养老服务存在的问题

当前甘肃主要有三种基本的养老服务模式，分别为家庭养老、养老院养老和社区居家养老。家庭养老是传统的养老模式，养老院养老是社会化的养老模式，社区居家养老是一种兼顾家庭和社会的养老模式。相对于全国养老服务体系特别是东南沿海发达地区的养老服务体系建设，甘肃养老服务体系发展十分滞后，不仅不能满足日益增长的养老服务需求，也不能适应迅速发展的老龄化形势。主要表现在以下四个方面。

（1）规模小与设施落后。

按照民政部的要求，"十二五"期间，养老机构床位数要达到每千名老人 30 张床位，我省水平与此相距甚远，全省各类养老福利机构入住人员 3450 人，加上农村敬老院入住人员 5976 人，每千名老人约 3 张床位。以省会城市兰州为例，全市老年人口已达 42.4 万，有市属养老福利机构 2 家，县区属养老福利机构 2 家，集体和民办养老福利机构 10 家，总共 14 家，设置床位 2057 张，仅占全市老年人总数的 5‰。陇南市有 31 万老年人，计划经济时期曾建有 27 所敬老院，但随着农村改革与形势的发展变化，加上此次特大地震，已很少发挥作用，目前，仅集中供养 61 人。市政府所在地武都区离退休老年人较多，但没有一所养老福利机构，正在筹建和施工的有 2 所，为民办性质。就全省来讲，目前尚无省一级的综合性老年福利服务中心，与甘肃毗邻的青海省和宁夏回族自治区，在老年人福利事业建设方面已走在我省前面。宁夏回族自治区老年福利服务中心占地 300 亩，建筑面积 11 万平方米，投资 3 亿多元；青海省老年福利服务中心建筑面积 5.2 万平方米，投资 1 亿多元。除了规模小，全省现有公办养老福利机构普遍存在着设施落后的问题，大多为一个房间两张床，两把椅子，没有电视和电话，医疗和救助系统不完备。这种状况导致了一个看似矛盾的结果：一方面由于数量少，供求矛盾突出，城市"三无"老人、农村五保老人、空巢老人、生活无自理、半自理能力老人的集中供养得不到有效解决。许多城市"三无"老人和农村五保老人都是通过亲戚寄养、基层干部代养，或与别人签订遗赠扶养协议的方式进行养老。另一方面由于设施落后、条件差，有一定经济实力的社会老年人又不愿意入住，有院无人住的现象较为普遍，这部分老年人的自费代养需求难以得到满足。

（2）社会化程度较低。

老年福利属社会公益事业，应该充分动员和组织社会力量参与，这也是发达国家和国内发达地区的通行做法，是市场经济的必然要求。2006 年，国务院办公厅转发了全国老龄办和发展改革委等部门《关于加快发展养老服务业的意见》，对老年福利事业的市场化发展提出了要求。在调研中发现，我省老年福利服务事业社会化程度仍有待提高，政府在抓好养老福利机构建设的同时，也应鼓励和支持民间资本和社会力量进入养老福利事业。在国内发达地区，入住养老机构的老年人数已经占到老年人的 5%，按这一比例的一半估算，甘肃养老机构床位数的需求量在 7 万张左右，除了政府投资之外，需要民间资本和社会力量来填补缺口。目前我省民间投资兴办的养老机构很少，省城兰州也只有五六家，全省非公有制养老服务机构目前仅有 23 家。据了解，全省具有投资养老福利机构热心和经济头脑的人士有很多。但由于种种原因，社会力量发挥作用的条件和环境还不充分，造成在全省养老福利机构建设方面政府和民间力量不平衡，养老福利服务社会化程度不高的局面。

（3）贫困老年人不同程度存在养老保障问题。

养老是老年人最关心、最直接的核心利益问题，但是，在一些地方和企业，这个问题还没有完全解决好。在城市，企业离退休职工与行政事业单位离退休职工人数接近，退休费待遇却相差较大。企业离退休人员中的 1/3 为困难企业离退休人员，这部分人员的退休费待遇更低，有的由于企业改革不到位，尚未移交社保机构，退休费不能正常发放，医疗费用也无法报销。在农村，农民的人均收入还较低，部分老年人生活相当困难。特别在一些地方，青壮年农民外出打工，家里只剩下老人和小孩，空巢化现象反而超过城市，老人既要劳动，又要带小孩，没有收入，相当困难。另外，每年还有相当一部分因灾造成生活困难老年人群体。全省现有 23.7 万特困老年人，这些特困老年人，有的无子女或其他赡养人，本人或配偶无收入或收入很低，难以维持基本生活；有的子女及其他赡养人无力供养，本人或配偶无固定收入或收入很低，难以维持基本生活；有的虽已纳入最低生活保障或享受其他民政救济，但仍不能保障其基本生活；有的因意外事件致贫或因病致贫。"5·12 地震"发生后，家中因房屋倒塌造成一贫如洗的老年人家庭较多，虽然党和政府进行了及时有力的救助，但短期内恢复原有生活水平尚有困难。

（4）社区养老服务开展不平衡。

社区养老是对传统家庭养老的补充与更新，是在家庭养老的基础上，由社区提供必要的经常性服务。一方面老人可以不出家庭和社区，在社会养老服务业还不发达的环境下减轻了社会的负担；另一方面由社区为老人提供必要的经常性服务，减轻了家庭的负担；这方面的服务以金昌市和兰州市较为典型。在省内其他地方居家养老开展较慢，陇南、定西等市基本上是空白。从国内先进地区看，社区养老服务已经形成了相当的规模，政府作为服务提供方，组织 4050 人员或其他下岗失业人员为社区老人提供居家养老服务。社区养老作为家庭养老和机构养老之间的过渡，是一种养老的中间方式。在现阶段我国社会养老服务业还不发达、广大老年人社会化养老服务需求尚不能完全满足，子女因成家立业不能完全顾及老年人养老需要的情况下，不失为一种有效的养老服务方式。

基于甘肃养老服务存在的上述问题，笔者认为，由于各个省份经济发展水平及老年人的思想价值观念差异较大，因此，本书中采用条件价值评价法设计问卷调查，试图根据老年人口对养老保险的服务需求意愿来构建甘肃社会养老保险服务体系，以利于甘肃省城乡社会养老服务体系建设。

8.2 调查问卷设计

根据国务院、民政部关于"十二五"期间甘肃社会养老服务体系建设的规划精神，甘肃省政府制订了社会养老服务体系建设方案。依据甘肃省政府"十二五"社会养老服务体系建设方案，甘肃省在对原有机构养老服务和社区养老服务进行完善的基础上，又分别在城镇和乡村建立了一些养老服务机构，这些养老服务机构的建立和运行，在一定程度上缓解了部分老年人口的养老服务问题。但不可否认的是，当前甘肃省正处于工业化和城镇化的加速发展阶段，不可能完全依靠政府举办的养老服务机构来解决老年人口的养老服务问题，且与城镇相比较，甘肃老年人口在城镇化过程中遇到的养老服务问题更为严峻。在对公共产品和准公共产品进行评价时，一般都采用条件价值评价法。因而本研究采用条件价值评价法设计调查问卷，在对农村养老服务需求意愿进行问卷调查的基础上进行分析，并根据分析结果提出相应政策措施和对策建议，以利于甘肃省调整和加强社会养老服务体系建设。

8.2.1　调查问卷设计

本次调查问卷设计主要包含以下四个方面内容：

（1）调查地区的养老服务基础设施、养老服务队伍和养老服务运行状况。

由于当前甘肃省针对农村地区的社会养老服务处于起步阶段，各项基础设施的建设、服务人员的遴选和培训等绝大多数还正在建设当中，只有一少部分农村地区养老服务处于运行状况，养老服务机构的运行状况会对甘肃老年人口的养老服务意愿产生一定的影响。通过对养老服务运行状况的调研，发现其在运行中存在的问题，以利于进一步完善农村养老服务。

（2）被调查老人家庭状况。

调查家庭经济状况的好坏直接关系到老年人享受养老待遇的经济保障水平和服务保障水平，且子女是否常年外出打工、配偶是否健在和老年人口是否独居等都会对甘肃老年人口选择养老服务产生一定影响。因而对家庭状况的调查有利于了解家庭人口规模小型化、核心化及城镇化对甘肃老年人口居家养老服务的影响大小。

（3）被调查老人的自身状况。

因为随着老年人口的年龄增长，其生活自理能力和健康状况都会变差，对养老服务的各项需求更多更强烈。通过对甘肃老年人口自身状况及其自身不同状况下对养老服务的各项需求意愿调查有利于解决这些老年人口的养老服务需求问题。

（4）甘肃老年人口对养老服务方式和养老服务项目的需求状况。

了解甘肃老年人口对养老服务方式的意愿，是选择机构养老服务、社区养老服务还是居家养老服务，在不同的养老服务方式下其养老服务需求项目主要有哪些？当前在遇到医疗护理、紧急事故和日常生活照料等服务需求时怎样解决，这些服务需求采取哪种养老服务方式更容易解决，且能够达到较满意的效果。通过这些调查内容的设计掌握甘肃老年人口对养老服务方式和服务项目的需求意愿，并根据这些需求意愿建立相应的养老服务体系。

8.2.2 问卷调查方法

应用的主要数据资料来源于兰州财经大学一些本科学生在2014～2015年度寒假期间的调查问卷。问卷调查的方法采用重点家庭调查和随机抽样调查相结合的方式。重点调查家庭主要为研究区域一些空巢家庭、孤独老人家庭、老年人长期患病家庭和失能失智老人家庭等家庭，对这些家庭通过问卷调查获取这些老年人需要的养老服务方式和养老服务项目。随机抽样调查方法主要为一般家有老人的家庭。具体方式为：首先，根据甘肃省社会经济状况和传统文化乡俗状况，将甘肃省划分为四大类区域，分别为黄土高原区、陇南山地区、甘南高原区和河西地区。其次，在每个区域选取几个市县区。在黄土高原区选取临夏县、榆中县、秦安县、泾川县和宁县，在陇南山地区选取漳县、武都区和成县，在甘南高原区选取合作市、玛曲县和夏河县，在河西地区选取敦煌市、金塔县、山丹县、凉州区，以这 15 个市县区作为甘肃农村养老服务问卷调查的代表地区。最后，在每个市县区选取一个乡镇，在每个乡镇选取三个自然村组，在每个村组选取家有年龄在 60 岁以上的家庭进行问卷调查。样本总量分布在 15 个乡（镇）和 45 个自然村组（见表 8.1）。

表 8.1　　　　　　　　　　样本村组的分布状况

调查区域	市县区（个）	乡镇（个）	村组（个）	户数（户）
黄土高原区	5	5	15	300
陇南山地区	3	3	9	180
甘南高原区	3	3	9	180
河西地区	4	4	12	240

通过兰州财经大学家在选取乡镇学生入户调查方式共计发放问卷 900 份，回收 891 份，调查问卷回收率为 99.0%。由于本次问卷调查以学生寒假社会实践作业为方式要求学生必须完成，并对问卷调查的回收率有较高要求，因而调查问卷回收率极高。只有 9 份问卷调查没有回收，这是因为一些学生将有 60 岁以上老年人口的家庭调查完后附近的村组没有老人家庭，因而有 9 份问卷调查没有回收。但由于一些学生缺乏社会调查的经验，在与调查家庭访谈时方式不得当，沟通效果不太理想。再加上一些学生本身对社会养老服务体系和一些调查问卷的内容理解不是很到位，再给调查家庭解释相关问题时不够精准，因而尽管问卷调查的回收率极高，但有效问卷率较低。剔除一些文不对题的调查问卷或者存在着信息模糊及信息不完整的问卷调查，最后得到能够反映研究内容的有效问卷 563 份，调查问卷有效率为 63.2%。问卷调查的回收率和有效率见表 8.2。

表 8. 2 调查问卷回收率及有效率概况

调查区域	发放问卷（份）	回收问卷（份）	回收率（%）	有效问卷（份）	有效率（%）
黄土高原区	300	296	99.0	192	64.9
陇南山地区	180	179	99.5	109	61.0
甘南高原区	180	178	99.0	105	59.0
河西地区	240	238	98.5	157	66.0
合计	900	891	99.0	563	63.2

在本次所有调查的老年人口年龄结构中，最高的为 91 岁，最低的为 61 岁，平均年龄为 71.3 岁。其中 60 ~ 69 岁老年人口所占比例为 59.6%，70 ~ 79 岁老年人口所占比例为 30.8%，80 岁及 80 岁以上长寿人口比例为 9.6%。在性别比例中，男女比例为 1:1.33，这也与当前甘肃甘肃老年人口中女性较多相一致。在调查的所有老年人口中，文盲和半文盲占调查老年人口的比例高达 96.3%。主要是因为这一部分人口绝大多数都是在 20 世纪 50 年代之前出生的，在他们享受初始教育的时间甘肃正处于战争年代，他们几乎没有接受教育的机会，部分半文盲也是在甘肃 50 年代中期之后扫文盲过程中接受了一点教育。另外，这次调查的对象为甘肃老年人口，由于当时甘肃人均受教育程度低，在 60 岁及 60 岁以上接受过初等教育以上的农村人口绝大部分进入城镇工作，所以接受本次问卷调查的甘肃老年人口受教育程度极低。在本次调查的所有老年人口中，人均收入水平为 2018 元，远低于同期甘肃农民年人均纯收入，甚至低于当前甘肃的农村最低生活保障标准。这是因为这些老年人一般都留守在家，除了务农收入外，就是享受水平极低的养老金待遇。在家庭人口结构中，五保老人、失能失智老人和空巢老人占调查人口的比例为

20.5%，这主要与本研究选取调查对象时重点选取这些家庭有关，旨在通过对这些老年人口的养老方式和服务内容需求意愿来解决这些甘肃老年人口的养老服务需求问题。在婚姻方面，其中有 80% 以上的老人婚姻是完整的，只有不到 20% 的老人其配偶已经去世，在去世配偶中，有 50% 的女性老年人配偶去世了，有 30% 左右的男性老年人配偶去世了。在配偶去世的老年人口中，绝大部分由子女或邻里照料，其中有极少一部分自己独自生活或在亲属家养老，居家养老的比例很高。

8.3　甘肃省老年人口对养老服务需求的意愿分析

根据国务院关于"十二五"期间甘肃社会养老服务体系建设规划精神和甘肃省社会养老服务体系建设方案，养老服务方式主要有居家养老服务、社区养老服务和机构养老服务等。居家养老服务是由老年人口在家养老，其养老服务的各项需求主要由子女或亲人提供，在需要时可由政府提供一些服务需求；社区养老服务是老年人在家养老，但在需要各项养老服务时由社区负责提供；机构养老服务就是老年人在政府举办的各种养老机构进行养老，并由这些机构提供各项养老服务需求。养老服务项目主要有生活照料、医疗护理和临终照料等老年人日常生活中需要服务的各个方面。因而本研究就甘肃老年人口对不同养老服务方式和不同养老服务项目的需求意愿进行问卷调查，并依据问卷调查和知情人访谈获取的数据资料就甘肃老年人口对养老服务的需求意愿进行分析。

（1）甘肃老年人口对养老服务方式的意愿分析。

根据笔者与调查市县区相关职能部门及村组干部的访谈和实

地调查可知，当前甘肃农村的部分地区已建立了相关的社会养老机构，部分地区正在建设社会养老机构，在部分农村村组也建立了针对甘肃老年人口服务的临时性服务队伍。经过近几年的建设，甘肃农村基本上形成了居家养老服务、机构养老服务和村组养老服务等为主的养老服务方式。因而本研究就甘肃甘肃老年人口对居家养老服务、社区养老服务、机构养老服务和其他养老服务这几种养老服务方式的选择意愿进行问卷调查。且规定在几种养老服务方式中，只能选取其中的一种养老服务方式，然后就甘肃甘肃老年人口对几种养老服务方式的需求意愿进行分析。甘肃老年人口对几种养老服务方式的需求意愿见表8.3。

表8.3　　　甘肃老年人口对养老服务方式的需求意愿

机构养老服务		村组养老服务		居家养老服务		其他养老服务	
户数	占比（%）	户数	占比（%）	户数	占比（%）	户数	占比（%）
28	4.96	111	19.71	418	74.25	5	0.88

从表8.3可知：第一，居家养老服务还是当前甘肃农村绝大多数老年人的主要愿望。通过甘肃563位甘肃老年人口对养老服务方式的选择意愿可知，其中有418户甘肃老年人口愿意居家养老服务，选择居家养老服务的老年人口占总调查老年人口的比例高达74.25%。这主要是因为甘肃地处甘肃内陆地区，且农村经济欠发达，甘肃老年人口基本上没有享受过文化教育，传统的居家养老思想文化传统浓厚。只要有子女，不论是否外出打工，都愿意居家养老，在遇到各种养老服务时仍希望由子女、亲属或孙辈等提供，不到万不得已，不愿意接受其他人提供的各种养老服务，更不愿意去由政府举办的养老服务机构养老。第二，愿意选择村组养老服务的老年人口比例仅次于居家养老。在调查农户

中，有 111 户老人选择社区养老，占总调查老人的比例接近 20%。这部分老年人口绝大多数都是与子女分开居住或者与子女一起居住关系不是很融洽，也不愿意在政府举办的机构养老服务进行养老。正常生活中他们可以依靠自己维持生活，一旦有医疗护理和临终照料等各种紧急服务需求，且子女、亲属或邻里等难以及时提供需要的服务时，他们也希望通过村组提供的服务人员对其进行相关服务，因而他们选择村组养老服务。第三，选择机构养老服务的人口比例极低。所有调查老年人口中选择机构养老服务的有 28 位，占调查总人口的比例不到 5%。选择机构养老服务的老年人口年龄较高，其年龄绝大多数在 80 岁以上，且这部分人绝大多数已经丧偶，他们需要常年有人对其生活进行照料。由于一些和子女分开居住，一些子女外出打工常年在外难以照料，亲情关系较为冷漠，他们的生活主要通过自己艰难维持，遇到特殊紧急情况时由亲属、邻里等进行暂时性照料。因而一旦有机构提供相应的养老生活和服务时，他们愿意进入机构进行养老，从而解决其在老年生活中存在的各种问题。第四，选择其他养老服务的人口比例极低。在所有调查老年人口中仅有 5 位老年人口希望其他方式养老。这部分老人其子女已经在城镇稳定就业并购买了房屋，传统的居家养老在其思想深处浓厚。一些子女在城镇难以为老人提供居家养老服务，一些尽管可以提供居家养老，但他们又无法割舍久已熟悉的居住环境和邻里亲属。因而在农村居家依靠自己艰难的维持生活，在遇到紧急事故时希望由在城镇工作的子女为其提供养老服务，他们对村组养老服务不认可，对机构养老服务又不愿意参与。

从上述对甘肃老年人口养老服务方式的意愿分析可知，甘肃老年人口居家养老的思想意识浓厚，只要能够居家养老并能及时享受到养老服务，他们基本上都会选择居家养老服务，一些老年人口选择机构养老服务和村组养老服务也是形势所迫。由此可见，当前加速发展的城镇化和家庭人口小型化对甘肃老年人口的居家养老服务已形成了严峻挑战。尽管甘肃老年人口居家养老的传统思想浓厚，但随着城镇化的进一步发展，其对甘肃老年人口居家养老服务的影响会越来越大，因而农村养老服务在城镇化过程中需要采取一系列的制度建设和政策措施来有效应对。村组养老服务既满足了老年人愿意居家养老的服务需求，也能够有效解决由于城镇化进程中甘肃老年人口养老服务面临的各种问题。因而在加大机构养老服务建设的同时，更应该大力发展村组养老服务建设以便为甘肃老年人口提供相应的养老服务。

（2）甘肃老年人对养老服务项目的意愿分析。

养老服务主要包括对老年人的生活照料、医疗护理、临终照料、文化娱乐、精神慰藉等各种服务项目，因而本研究就甘肃甘肃老年人口对生活照料、医疗护理、临终照料、文化娱乐、精神慰藉等几种养老服务项目的选择意愿进行问卷调查。由于不同老年人口对养老服务项目的需求不尽相同，且有时同一老年人对养老服务项目的需求可能有几种，因此笔者在设计调查问卷时规定只要老年人需要的服务项目都可以选择。甘肃老年人口对养老服务项目的需求意愿见表8.4。

表8.4　　　　甘肃老年人口对养老服务项目的需求意愿

服务类型	生活照料		文化娱乐		医疗护理		临终照料		精神慰藉		其他服务	
	户数	占比（%）	户数	占比（%）	户数	占比（%）	户数	占比（%）	户数	占比（%）	户数	占比（%）
居家养老	215	51.43	152	36.36	418	100.00	418	100.00	23	5.50	6	1.43
村组养老	58	52.25	43	38.74	111	100.00	111	100.00	7	6.31	2	1.80
机构养老	21	75.00	18	64.30	28	100.00	28	100.00	6	21.43	0	0.00

从表 8.4 可知：第一，甘肃老年人对医疗护理和临终照料服务的需求愿望最为强烈。不论是居家养老、机构养老还是村组养老那种养老方式，所有老年人都对医疗护理和临终照料这两种服务项目有需求。这是因为就居家养老来说，随着家庭人口数量的小型化和城镇化的进一步发展，许多家庭的青壮年劳动力在城镇打工或在学校上学，在老人患病或者临终死亡时一个家庭很少有人能长时间陪伴在老人身边进行照料。机构养老和村组养老服务由于服务人员短缺且缺乏相应的专业训练，也不能及时地对老年人口在患病或者临终时进行及时且有效的护理。因而甘肃老年人口对医疗护理和临终照料的服务需求极强。第二，甘肃老年人口对生活照料和文化娱乐的服务需求也有较强愿望。在调查的所有甘肃老年人口中，选择居家养老的老年人需要生活照料和文化娱乐服务的分别有 215 户和 152 户，占居家养老人口的比例分别为51.43% 和 36.36%。选择村组养老服务老年人有 58 户和 43 户，占村组家养老人口的比例分别为 52.25% 和 38.74%。选择机构养老服务老年人有 21 户和 18 户，占机构养老人口的比例分别为75.00% 和 64.30%。在三种养老服务方式中，都对生活照料和文化娱乐有较高的需求意愿，但相对于居家养老和村组养老，机构养老需要生活照料和文化娱乐的老年人口比例更高。这是因为选择居家养老和村组养老的这一部分老年人年龄相对较轻，因而通过家人或者自身对其生活进行照料，再加上家中农活较忙及其他各种家务较多，很少有闲暇时间参与各种文化娱乐活动。机构养老中老年人的年龄相对较高，导致其对生活照料需求远高于其他两种养老方式，且由于远离家人和亲属，机构养老的文化娱乐与这些老年人平时的娱乐活动差异较大，因而对养老服务的文化娱乐较为强烈。第三，老年人对精神慰藉和其他服务项目的需求愿望相对较低。在调查的所有人口中，除了选择机构养老的这一部分老年人口对精神慰藉有较高的需求外，选择居家养老服务和村组养老服务的这一部分人口要求都较低。这是因为甘肃老年人口相对于城镇老年人对老年生活的服务要求相对较少。机构养老中的绝大部分老年人为老年丧偶或与子女的关系不是很融洽，导致其晚年生活较为凄凉，因而需要一定的精神慰藉服务。即使在选择居家养老和村组养老的这一部分老年人口中，需要精神慰藉的绝大部分也属于老年丧偶、丧子或者由于其他各种原因而导致需要对其进行精神慰藉。

从上述对甘肃老年人口养老服务项目的意愿分析可知，甘肃老年人口对各种养老服务项目的需求愿望差异较大，其中需求最为强烈的是医疗护理和临终照料。当甘肃老年人口需要医疗护理、临终照料和生活照料等各项服务时，绝大部分老年人口通过自己艰难维持，只有部分老人能够得到家人及亲属的临时照料。由此可见，快速推进的工业化和城镇化已对甘肃甘肃老年人口的医疗护理、临终照料和生活照料等各种养老服务需求构成了严重挑战，再加上家庭人口数量的小型化使传统家庭养老服务的功能逐步弱化，导致甘肃老年人口的各项养老服务需求得不到及时满足，因而迫切需要建立社会化的养老服务体系来解决甘肃老年人口对养老服务的各项需求。但甘肃农村地区除了水平极低的养老生活保障外，社会养老服务体系建设极其滞后，因而需要加快甘肃农村社会养老服务体系尤其是服务队伍的建设。

8.4　本章小结

8.4.1　研究结论

第一，在养老服务方式上，居家养老服务仍是甘肃农村老年人口的首要选择。根据对甘肃农村 563 户老年人口的问卷调查资料和村组干部获取的信息可知：愿意居家养老并享受家庭服务的老年人口为 418 户，占调查老年人口的比例为 74.25%，愿意在家养老且享受相关社区服务的老年人口为 111 户，占总调查人口的比例为 19.71%。愿意在机构和其他养老方式养老且享受相关服务的老年人口为 33 户，占总调查人口的比例为 5.84%。因而，在养老服务方式上甘肃农村老年人口主要趋向于居家养老，并享受家庭及社区的各项相关服务。选择机构养老和其他养老方式的农村老年人口在一定程度上也是迫不得已。

　　第二，在养老服务项目上，甘肃农村老人最需要的服务为医疗护理和临终照料。根据对甘肃农村老年人口的问卷调查，农村老年人口对医疗护理和林昭照料的需求强烈。在 563 户问卷调查中，所有老年人都需要医疗护理和临终照料服务。需要生活照料和文化娱乐的次之。且在不同养老服务方式之间对生活照料和文化娱乐的需求不尽相同，机构养老对生活照料和文化娱乐需求较强，居家养老和村组养老对生活照料和文化娱乐的需求较小。农村老年人口对精神慰藉和其他服务项目的需求较小，即使有需求的也是一些特殊人群。在快速推进的城镇化和家庭人口规模小型化已对当前甘肃农村老人的养老服务构成了严峻挑战，特别是老年人口在患病治疗和临终死亡时的各种服务难以得到有效满足。

　　第三，由于受经济收入、传统观念、资源配置、政策制约等诸多因素影响，与东部发达身份相比较，我省养老服务业发展仍十分缓慢，远远不能满足老年人口急剧增长所产生的多种需要。所以，迫切需要加快养老服务业发展，妥善解决老年人生活中的实际问题，实现家庭和谐、人与社会和谐。同时，在养老服务体系建设中，我们也可以借养老服务业发展带动相关产业，推动经济增长，提高全体人民生活质量和水平。立足于甘肃省实际，学习发达地区的养老服务体系建设经验，甘肃省的养老服务要坚持政府为主导，充分整合行政、市场、社会、家庭等各种资源，不断完善基础设施，创新服务模式，逐步建立起与甘肃省经济社会发展水平相适应、与社会保障系统相衔接、以居家养老为主、社会养老为辅的多元化、多层次养老服务体系，有效实现老有所养，老有所依，老有所乐，老有所为，老有所终的目标。

8.4.2　政策建议

第一，加快农村机构养老服务基础设施和相关配套体系建设。尽管当前甘肃农村老年人对机构养老服务的选择意愿较低，但也有一小部分农村老年人口对机构养老有一定的现实需求。鉴于当前我国城乡分割的户籍制度，农村老年人口想进入城镇举办的养老机构进行养老还受到各种客观条件的限制。且随着城镇化的进一步发展和家庭人口规模的小型化，农村老年人口养老思想观念的进一步转变和乡村机构养老服务的发展和健全，农村老年人口对机构养老服务的需求会逐步上升。但当前甘肃省农村机构养老服务还极其滞后，一些农村正在开展机构养老服务的建设，一些地区还处于规划设计阶段。因而，加大财政投入的力度，在每个乡镇建立相关的机构养老及配套设施，解决这部分现在和将来对机构养老服务有需求的农村老年人口的养老服务意愿。

第二，加强对农村社区养老服务队伍的培育，建设一支多样化、专业化养老服务队伍。当前甘肃农村地区养老服务队伍的建设还处于一片空白，需要农村老年人在需要相关服务时，一般都是由家人、亲属和邻里照料。且这些照料人员绝大部分都是一般的生活照料，缺乏相应的专业化训练和培育，针对农村老人的不同服务内容难以有效地提供。特别在医疗护理和临终照料时缺乏相关的医疗保健和护理知识，难以有效对这些老年人口提供多样化和专业化的相关服务。因此，在每个村组选择一些具有一定文化知识的人员到城镇的相关机构对其进行专业化培训，在培训完成后对各种老年人口需要的服务提供专业化和多样化服务，并对这些专业化养老服务人员给予一定的服务补贴。培训费用和服务补贴费用可申请政府财政补贴或从养老社会保险费用中列支，使其能够及时地为农村老年人提供各种养老服务。

第三，加强养老服务的信息化平台建设。随着我国通信事业的发展，目前在每个乡村都实现了移动电话通信服务全覆盖，每个农村急停至少都有一部移动电话。结合农村机构养老服务建设，在每个乡镇的养老机构建立一个服务中心，并在服务中心构建一支服务队伍，在服务中心安装几部热线电话，安排这些服务人员 24 小时连续轮流值班，当老年人在需要不同的养老服务项目时，可随时拨打这些热线电话，提出需要的各种相关服务项目。然后由服务中心拨打电话给当地村组的专业化服务人员，由这些服务人员上门对老年人口需要的各种服务进行提供，当各种服务项目提供完毕后服务人员向服务中心报告养老服务的处理状况。最后由服务中心人员对接受服务的老人进行回访，以了解养老服务的服务状况。这样既解决了农村老年人居家养老的意愿，又提供了相应的各项养老服务。

8.4.3　结语

本章基于甘肃 563 位老年人问卷调查和知情人访谈获取的数据资料，就甘肃老年人口对养老服务方式和养老服务项目的需求意愿进行了分析。分析结果表明，在养老服务方式上，绝大多数甘肃老年人口愿意居家养老并享受家庭和社区提供的各种养老服务；在养老服务项目上，甘肃老年人对医疗护理和临终照料的服务需求最为强烈。鉴于当前加速发展的城镇化和家庭人口小型化给养老服务已构成了严峻挑战,本研究从机构养老服务建设、养老服务信息化平台建设和养老服务队伍专业化多样化建设等方面提出了相应对策建议,以利于甘肃及我国养老服务体系的建设和发展。

第 9 章

总结及政策展望

　　养老保险城乡分割是在二元经济结构下产生，随着农村养老保险政府财政责任缺失而逐渐强化的。随着二元经济结构转换和工业反哺农业时机成熟，养老保险城乡统筹成为促进社会经济持续发展的本质要求。目前，甘肃养老保险体系已经完成了统账结合制度模式统一，养老保险城乡分割主要体现为城乡养老保险缴费与给付水平差距，养老保险城乡统筹的关键在于"量"的统一，在城乡经济发展水平存在差距条件下，养老保险城乡统筹要实现相对"量"的一致性。本研究提出城乡基础养老保险缴费率一元化的理论观点，结合基础养老保险微观功能定位，构建基础养老保险适度缴费率模型，并以缴费适度水平为根本标准，确定城乡基础养老保险一元化缴费率水平及缴费率一元化调整路径，进一步论证基于缴费适度水平的缴费率一元化合理性和可行巧，对缴费率一元化实施效应进行实证分析，为养老保险城乡统筹一元化提供合理依据和相关政策建议。

9.1 全书总结

基于上述对甘肃省就其适龄生育人口生育意愿，退休人口适宜年龄、社会养老保险一体化设计、社会养老保险适度支出水平和社会养老服务体系建设等进行研究，可得出以下结论。

第一，在实行"独生子女"政策时，甘肃省适龄人口的总体生育行为以两个小孩为主，但在城乡差异显著，城市以生育一个小孩为主，乡村以生育两个小孩为主。根据对甘肃省 671 个适龄人口的生育行为分析可知，生育两孩小孩的乡村人口为 237 个，占调查乡村人口样本总数 344 个的 68.90%，生育一个小孩的城市人口为 208 个，占城市调查总样本的 63.61%。且在城市生育的人口中，不同级别城市生育人口的个数不尽相同，省会级城市和地级城市—生育一个小孩为主，县级及以下城市人口已生育两个小孩为主。根据知情人访谈获取的信息可知，由于城乡在执行力度、处罚措施和相关配套政策尤其是社会保障政策等方面的不同，导致甘肃省城乡适龄人口在生育行为上出现了差异。虽然他们都没有很好地贯彻"独生子女"政策，但极为严格的"独生子女"政策也基本上达到了其控制人口快速增长的预期目标。

第二，实施"全面两孩"政策时，甘肃省适龄人口的总体生育意愿仍以 2 个小孩为主且城乡差异较小，无论城市还是乡村适龄人口生育 2 个小孩的意愿最高。根据对甘肃省 481 个适龄人口的生育意愿分析可知，生育 2 个小孩的城市人口为 134 个，占调查城市人口总数 236 个的 56.78%。在城市生育的人口中，由于"全面两孩"政策的实施，其生育孩子个数的意愿在不同级别城市的差异较小，所有城市适龄生育人口都以生育 2 个小孩为主，一个次之，生育 3 个以上的人口极少。生育 2 个小孩的乡村人口为 165 个，占调查乡村人口总数 245 个的 67.35%，生育 3 个小孩的人口次之，生育 1 个小孩的人口最少。随着城市化的快速推进和工业化进程的加速推进，城乡居民受外界各种思潮的影响较大。再加上由于我国在社会保障方面尤其是乡村社会保障制度的不断健全，影响人们生育意愿的主要影响因素已从受政策的强制约束转变为经济负担，人们的生育理念也从传统的养儿防老、多子多福转变为男女同等、少生生优。如果再没有其他相关配套政策的支撑，要想单纯依靠"全面两孩"政策很难改变当前失调的人口年龄结构和严重失衡的男女比例问题。

第三，在采用"基础养老金 + 个人账户"模式的基础上，基础养老金标准为甘肃在职劳动者年人均收入水平的 20%，基础养老金主要由中央财政全额转移支付。个人缴费按在职劳动者年均收入的 15% 作为基础，依据在职劳动者的年收入水平按照四舍五入法设定 21 个档次，由个人根据其经济支付能力选择相应的缴费档次进行缴费。根据甘肃在职劳动者的年平均收入指标设计个人账户筹资标准和基础养老金标准，使个人账户筹资标准和基础养老金标准都能够依据在职劳动者年人均收入水平的变化进行调整，建立起一种内生的社会养老保险动态调整机制。

第四，基础养老金标准和个人分档缴费标准按照甘肃在职劳动者平均收入水平设计，一方面将甘肃社会养老的统筹层次提升到全国层面，便于消除目前甘肃养老保险的"碎片化"问题；另一方面将基础养老金标准在全省设为统一的标准，能够较好地体现社会养老保险的公平性原则。个人账户分档缴费则考虑了甘肃社会经济发展水平的不平衡，收入水平较高的劳动者可选较高的档次缴费，收入水平较低的劳动者可选择较低的档次缴费，从而弥补由于统一的基础养老金标准造成的收入较高居民基础养老金替代率低于收入较低劳动者的状况，并使甘肃不同收入层次劳动者的社会养老保险都具有适宜的总替代率。个人投保采用强制和自愿相结合的原则，要求每个在职劳动者强制投保，有利于提高甘肃养老保险的覆盖率，从而满足保险经营的大数法则和平均法则。要求每个在职劳动者根据其经济支付能力在设定的档次内自愿选择，有利于消除部分在职劳动者的经济负担，且个人缴费全部纳入个人账户，个人缴纳的档次越高，其个人账户资金积累就越多。采取自愿原则选择社保基金管理公司，有效地加强了社保基金管理公司的竞争，有利于提高社会保险基金的投资运营收益率，进而提高社会养老保险的待遇水平。

第五，社会养老保险待遇水平的高低，除了与缴费年限、个人投保费以及基础养老金标准紧密相关外，还与社会养老保险基金运营收益的高低直接相关。本书依据智利社会养老保险基金的投资运营成功经验，设计在甘肃建立社会保险基金管理公司，由这些管理公司对社会养老保险基金进行投资运营，以使社会保险基金实现较高的投资运营收益率。鉴于当前甘肃社保基金投资运营收益不太理想，且社会保险基金投资运营的约束机制和监管机制还有待于进一步健全和完善。因此，暂时可借鉴新加坡中央公积金模式对社会养老保险采用的投资运营方式，根据投保人的意愿将部分社会养老保险基金存入银行，并对其按 10% 的年利率由商业银行支付相应的存款利息，社会保险基金存款利率与商业银行实际存款利率的差额可由政府财政对其补贴，待社会保险基金管理公司的约束机制和监管机制相对完善之后，再将全部社会养老保险基金交由这些管理公司进行投资经营。

第六，根据甘肃社会养老保险的一体化设计方案，假定个人缴费档次选择与其在职劳动时收入水平相对应，建立计量模型对其社会养老保险的待遇水平进行测算。在缴费期限为 20 年时，社会养老保险的替代率为 59.53% 。这与甘肃社会养老保险 60% 替代率的改革目标接近，缴费期限低于 20 年时其社会养老保险的替代率也在国际上社会养老保险 40% ~ 60% 替代率的合理范围之内。不论是替代率还是绝对保障金额都能够有效地保障甘肃省城乡居民老年人口基本的生活需要。

第七，基于当前甘肃省情，通过对未来一定时期内甘肃在职劳动者收入水平、国内生产总值增长率、人口规模及老年人口比例等的预测。采用历年相关统计资料并构建计量模型就 2015 ~ 2040 年甘肃社会养老保险一体化设计方案的支出水平和当前甘肃社会养老保险实际支出水平进行了测算。依据其测算结果并结合穆怀忠等人对甘肃当前及未来一定时期内社会保障适度支出水平上下限范围的研究。一体化设计方案的社会养老保险支出水平在 2015 ~ 2040 年位于甘肃社会保障适度支出水平的上下限范围之内。当前甘肃社会养老保险的总体实际支出水平位于适度支出水平的下限，但在不同群体间养老保险的待遇标准差异较大。机关事业单位养老保险的待遇标准很高，城镇企业职工的养老保险筹资标准和筹资渠道比较适合当前甘肃省情，其养老保险的替代率也与甘肃社会养老保险替代率的合理取值区间相一致，城乡居民社会养老保险的替代率极低，难以满足这些老年人维持基本生活的需要。

第八，在社会养老服务方式上，居家养老服务仍是甘肃农村老年人口的首要选择。根据对甘肃农村 563 户老年人口的问卷调查资料和村组干部获取的信息可知，愿意居家养老并享受家庭服务的老年人口为 418 户，占调查老年人口的比例为 74.25% ；愿意在家养老且享受相关社区服务的老年人口为 111 户，占总调查人口的比例为 19.71% ；愿意在机构和其他养老方式养老且享受相关服务的老年人口为 33 户，占总调查人口的比例为 5.84% 。

因而，在养老服务方式上，甘肃农村老年人口主要趋向于居家养老，并享受家庭及社区的各项相关服务。选择机构养老和其他养老方式的农村老年人口在一定程度上也是迫不得已。

第九，在社会养老服务项目上，甘肃农村老人最需要的服务为医疗护理和临终照料。根据对甘肃农村老年人口的问卷调查，农村老年人口对医疗护理和林昭照料的需求强烈。在563户问卷调查中，所有老年人都需要医疗护理和临终照料服务。需要生活照料和文化娱乐的次之。且在不同养老服务方式之间对生活照料和文化娱乐的需求不尽相同，机构养老对生活照料和文化娱乐需求较强，居家养老和村组养老对生活照料和文化娱乐的需求较小。农村老年人口对精神慰藉和其他服务项目的需求较小，即使有需求的也是一些特殊人群。在快速推进的城镇化和家庭人口规模小型化已对当前甘肃农村老人的养老服务构成了严峻挑战，特别是老年人口在患病治疗和临终死亡时的各种服务难以得到有效满足。

9.2 政策展望

根据上述研究结论，本书拟从以下方面提出相应的政策建议和对策措施，以利于甘肃社会养老保险及服务体系的健全和完善。

第一，全面开放人口控制政策，并建立相关的配套政策以鼓励适龄人口生育。鉴于当前我国适龄生育人口的制约因素已从政策约束转化为经济负担为主，传统的生育思想观念也受到了工业化和城市化的冲击，由多子多福和养儿防老转变为男女同等和少生优生。由于这些制约因素和思想观念的转变，"全面两孩"政策对当前的低生育水平作用有限。结合国际上发达国家在工业化完成后人口自然增长率和总和生育率剧降，一些国家的人口自然增长率甚至为负。当前我国尽管还没有完全实现工业化和城市化，但人们的思想观念和影响因素与工业化完成之后的发达国家基本一致。因此，应全面放开我国实施近 40 年的人口控制政策，让每个适龄人口根据自己的意愿生育人口。特别针对我国人口总和生育率较低、人口年龄结构失调和男女比例失衡的现状，针对一些适龄人口不愿意生育小孩的主要制约因素，因地制宜、因人而异和因时不同地制定一些相关激励政策以鼓励适龄人口生育。

第二，健全住房保障及相关配套政策，降低城市人口购买住房的经济负担。鉴于当前我国正处于工业化的加速发展阶段，因此需要大量的人口聚集到城市从事各种生产服务工作，导致城市人口的快速机械增长。这必然会导致住房的刚性需求，造成我国城市住房的单位价格急剧增长，再加上一些人群乘机囤积房屋，进一步推高了城市住房的单位价格。居高不下的房价给新增的城市人口带来了难以承受的经济负担，致使一些城市适龄生育人口为此推迟了生育小孩时间，减少了生育小孩的数量。根据相关研究学者的研究结论，当前我国恩格尔系数城乡普遍低于实际生活水平的主要原因就是城市居民的住房负担太重，乡村居民的教育负担太重。因此，政府在加大住房宏观调控的同时，应大力建造公租房、廉租房和经济适用房，并建立相关配套政策，实行租购同权，使城市人口根据自己的经济状况自愿租购，进而降低城市青年人口购买住房的经济负担。

第三，拓展城乡义务教育年限，降低城乡居民的教育经济负担。当前我国尽管实行普遍九年制义务教育，但义务教育针对的是小学六年和中学三年这一教育时段，鉴于当前我国人口的教育从幼儿园教育开始直至高等教育完成，针对幼儿园教育和高中以上的教育都实行收费教育。相对于义务教育阶段，幼儿园教育和高中及以上教育的教育支出更高，这给我国居民特别是乡村居民造成了难以承受的经济负担。但不管城乡居民，谁都不愿意孩子输在起跑线上，为了孩子的教育不惜血本，进而导致许多家庭宁可少生也要优育。我国乡村居民恩格尔系数脱离实际生活水平的原因从根本上来说也是孩子的教育负担太重，影响了其他方面的应有支出。因此，不管城乡居民，都应该将九年制义务教育拓展到从幼儿园到高中教育结束阶段，这在降低了家庭的教育经济负担的同时也提高了人口生育水平。

第四，在结合当前我国的人均预期寿命、人口的退休年龄结构、劳动力的初始工作年龄及当前及未来一定时期内我国养老保险的负担现状，在当前我国人口老龄化进程逐步加深的背景下，延迟退休年龄不仅能够有效地解决我国因"未富先老"而造成养老保险社会负担太重对国民经济发展的阻碍，而且能够有效缓解当前我国因人口红利逐渐丧失对社会经济发展的负面影响，既充分地利用了当前我国社会的劳动力资源，又能够防止由于社会养老负担太重而对我国社会经济发展的影响，有利于促进我国实现产业结构的升级换代和国民收入水平的提高，进而加快我国工业化进程的进度。

第五，在当前我国人均劳动初始年龄相较于 20 世纪 50 年代延迟了 5 年，人均预期寿命延长了 15 岁以上，人均受教育年限大幅增加导致人力资本对经济增长贡献逐步增大的背景下，由于产业结构的升级换代和第三产业的加速发展，导致从事轻中型体力型劳动人口和脑力劳动人口数量的急剧上升。根据退休年龄对他们各自从事相应工作的影响程度和身体承受能力。高端智力型脑力劳动者诸如正副国级公务员及具有正高级职称以上的脑力劳动人口，其退休年龄以 70 岁为宜。从事脑力劳动及轻中型体力劳动的人口，诸如省部级以下公务员及正高级职称以下的专业技术人员，他们的退休年龄以男 65 岁、女 60 岁为宜。从事重型体力劳动及在严峻生活环境下工作的人口，他们的退休年龄以男 60 岁、女 55 岁为宜。

第六，依据国际上男女自我养老负担系数就延迟设计后的退休年龄自我负担系数进行了测算。结果表明，延迟设计的退休年龄标准 2015 年男女自我养老负担系数都在其合理负担系数范围之内，但随着人均预期寿命的逐步增加，到 2050 年，其男性的自我养老负担系数已超出了合理区间范围。因此，应依据人均预期寿命的增加根据国家自我养老负担的合理取值范围逐步进行调整。其最终的退休年龄标准应为男性 70 岁、女性 65 岁。这样即使当男性的人均预期寿命达到 80 岁，女性的人均预期寿命达到 85 岁，其男性的自我养老负担系数仅为 0.25 左右，女性的仅为 0.5 左右，都在各自的合理区间范围之内。

第七，鉴于我国在不同时期实行不同的人口政策，在 20 世纪 50 年代之后到 70 年代初期，我国实行鼓励人口增长的政策，导致在此期间人口自然增长率急剧增加，人口总数量增加了将近一倍。20 世纪 50 年代出生的人口即使按照 65 岁的退休年龄，到 2015 年后都进入退休年龄。这部分高峰出生期人口退休年龄的到来，将会对我国的养老负担造成严峻的挑战。与此相对应，而在 20 世纪 70 年代末期之后，我国有实行严格控制人口增长的政策。导致我国未来一段时期之内劳动力人口的后继军严重短缺。这不仅导致我国人口红利的丧失，而且对养老负担造成难以承受的负担，因此，应适当地放宽严格的人口控制政策，实现劳动力的简单再生产，即一对夫妇可以生育 2 个孩子。这样在一定程度上缓解了劳动力的短缺问题，而且还会减轻劳动人口的养老负担。

第八，进一步健全甘肃城镇企业职工社会养老保险制度。当前甘肃城镇企业职工已建立了与社会主义市场经济体制相一致的社会养老保险制度。其养老保险的资金来源渠道和筹集模式也符合当前国际上社会养老保险制度中三分筹资和部分积累筹资模式的发展趋势，养老保险的替代率既与当前国际上养老保险的替代率合理取值相符合，也能够保障甘肃企业职工的基本生活需要。但相对于目前国际上社会养老保险的筹资标准，甘肃城镇企业职工社会养老保险的总投保费率较高，8%的个人投保费率和20%的企业投保费率会给甘肃企业及企业职工造成较重的经济负担，不利于提高人民的生活水平和企业产品在国际市场上的竞争能力。与此同时，当前甘肃企业职工社会养老保险的投资收益率较低，影响了企业职工的社会养老保险待遇。因此，应逐步地降低甘肃城镇企业职工社会养老保险的总投保费率，完善社会养老保险的投资运行渠道和投资比例，提高社会养老保险基金的投资运行收益率，既有效地降低了甘肃企业和企业职工的经济负担，又能够有效地保障企业职工维持老年基本生活的需要。

第九，改革机关事业单位的养老保险制度，建立全国统一的社会养老保险制度。当前甘肃行政事业单位退休人员仍然沿用国家养老保险制度，随着社会主义市场经济体制的健全和完善，作为上层建筑的国家养老保险制度已不适应当前甘肃的经济基础，因此，应对这一社会养老保险制度进行改革。甘肃城镇企业职工社会养老保险制度采用"社会统筹＋个人账户"模式，根据前文分析，这一模式比较适合甘肃国情，且企业职工社会养老保险已在筹资渠道，筹资标准、筹资模式、基础养老金标准等方面建立了一套相对完整的制度。鉴于城镇企业职工社会养老保险制度在甘肃已成功了运行了近20年，有效地保障了甘肃企业退休职工的基本生活，因此，应借鉴甘肃城镇企业职工养老保险制度，改革当前甘肃机关事业单位的养老保险制度，在机关事业单位社会养老保险制度中采用"社会统筹＋个人账户"模式，并根据机关事业单位的性质，就筹资渠道、筹资标准和基础养老金待遇等方面建立与城镇企业职工相一致的社会养老保险制度。

第十，完善城乡居民社会养老保险制度。根据上述分析，当前甘肃城乡居民老年人口比例较大，占全国老年人口的 60% 以上。尽管城乡居民社会养老保险也采用"社会统筹 + 个人账户"模式，但其社会养老保险的地方政府财政补贴标准和基础养老金待遇标准都远低于城镇企业职工社会养老保险待遇标准，因而其养老保险待遇标准很低。即使按照 2013 年农村在职劳动者年人均纯收入 15700 元的标准，其养老保险的平均替代率还不到 7.85%，远远低于国际上 40% ~ 60% 养老保险替代率的合理取值区间，养老保险绝对待遇标准甚至低于 2013 年甘肃的农村贫困标准，难以有效维持甘肃城乡居民维持基本生活的需要。鉴于甘肃城乡分割二元社会经济格局在短期内还难以完全改变，城乡居民社会养老保险的覆盖人群主体为农村居民，这一部分人群其收入不仅较低而且不稳定，与城镇企业职工和机关事业单位收入水平差距较大。因此应以甘肃农村在职劳动者年人均收入水平作为确定个人缴费档次、地方政府财政补贴标准和基础养老金标准的基础，提高城乡居民社会养老保险的个人缴费、地方政府补贴和基础养老金标准，使其与城镇企业社会养老保险的个人投保费率、企业投保费率和基础养老金相对待遇标准相一致。这样既有效地贯彻了多缴多补的原则，也有利于提高城乡居民养老保险的基础养老金标准和替代率，有效地保障城乡居民维持基本生活的需要。

第十一，"社会统筹 + 个人账户"社会养老保险的个人账户采用名义账户制。名义账户制是将个人和企业缴纳的养老保险费直接支付给当前老年人口进行养老，将缴费权益计入个人账户用于缴费者在老年时进行养老。尽管个人账户在缴费时没有实际存入现金，但在老年时严格按名义账户的缴费权益记录和投资收益率享受社会养老保险待遇。由于名义账户没有实际资金积累，因而其名义资产的投资增值按缴费年份的国民经济增长率来记录投资收益权益。鉴于当前甘肃社会保险基金的投资运营机制很不健全，使城镇企业职工社会养老保险的投资收益率很低，个人账户采用名义账户制后不存在社会保险基金的投资收益问题，解决了甘肃社会养老保险基金投资运营收益较低的问题。由于甘肃机关事业单位的养老保险目前仍采用国家保险制度，在向"社会统筹＋个人账户"养老保险制度的转型过程中，如果采用个人账户实际资金积累制，必然导致机关事业单位社会养老保险在转型中形成巨大的"隐形债务"。如果城乡居民社会养老保险按城镇企业职工社会养老保险的筹资标准和筹资来源比例进行缴费且个人账户采用实际资金积累制，则城乡居民社会养老保险由地方财政补贴的这一部分资金将给甘肃财政支出带来不可承受的经济负担。由于名义账户制实质上是按照工龄来记录缴费权益，并不存入实际资金，因此，既能够避免机关事业单位社会养老保险转型过程中引起的"隐性债务"问题，也能够避免机关事业单位社会养老保险和城乡居民社会养老保险在采用个人账户实际资金积累时带来的政府财政双重补贴负担。

第十二，分阶段、渐进地延迟退休年龄。当前甘肃正处于工业化和城镇化的加速发展阶段，适度的社会养老保险支出水平不仅有利于保障甘肃老年人维持基本上生活的需要，而且有利于促进甘肃工业化和城镇化的尽快完成，进而推动甘肃社会经济的可持续发展。但不同于其他发达国家的是这些国家在工业化完成之后人口年龄结构才进入老龄化社会，而甘肃正处于工业化和城镇化的中期阶段，其人口年龄结构已进入了老龄化社会阶段，属于典型的"未富先老"。为了减轻人口老龄化给甘肃社会经济发展造成的财政支出负担，除了个人账户采用名义账户制之外，还应该分阶段、逐步地提高甘肃退休人口的年龄标准。这是由于当前甘肃的退休年龄标准较低，平均退休年龄还不到 60 岁，国外发达国家的平均退休年龄标准绝大部分为 65 岁，与这些国家相比，甘肃的平均退休年龄提前了 5 年以上。当前甘肃的人均预期寿命已经达到了 75 岁，与工业化国家的人均预期寿命相差近为 5 岁。随着医疗卫生事业的逐步发展和进一步健全，甘肃人均预期寿命会进一步提高。因此应根据甘肃人口的老龄化程度和人均预期寿命的延长，分阶段、有步骤地延长甘肃的退休年龄标准，降低甘肃社会养老保险的实际支出水平，促进甘肃社会养老保险事业和整个社会经济的可持续发展。

第十三，加快农村机构养老服务基础设施和相关配套体系建设。尽管当前甘肃农村老年人对机构养老服务的选择意愿较低，但也有一小部分农村老年人口对机构养老有一定的现实需求。鉴于当前甘肃城乡分割的户籍制度，农村老年人口想进入城镇举办的养老机构进行养老还受到各种客观条件的限制。且随着城镇化的进一步发展和家庭人口规模的小型化，农村老年人口养老思想观念的进一步转变和乡村机构养老服务的发展和健全，农村老年人口对机构养老服务的需求会逐步上升。但当前甘肃省农村机构养老服务还极其滞后，一些农村正在开展机构养老服务的建设，一些地区还处于规划设计阶段。因此，加大财政投入的力度，在每个乡镇建立相关的机构养老及配套设施，解决这部分现在和将来对机构养老服务有需求的农村老年人口的养老服务意愿。

第十四，加强对农村社区养老服务队伍的培育，建设一支多样化、专业化养老服务队伍。当前甘肃农村地区养老服务队伍的建设还处于一片空白，需要农村老年人在需要相关服务时，一般都是由家人、亲属和邻里照料。且这些照料人员绝大部分都是一般的生活照料，缺乏相应的专业化训练和培育，针对农村老人的不同服务内容难以有效地提供。特别在医疗护理和临终照料时缺乏相关的医疗保健和护理知识，难以有效对这些老年人口提供多样化和专业化的相关服务。因此，在每个村组选择一些具有一定文化知识的人员到城镇的相关机构对其进行专业化培训，在培训完成后对各种老年人口需要的服务提供专业化和多样化服务，并对这些专业化养老服务人员给予一定的服务补贴。培训费用和服务补贴费用可申请政府财政补贴或从养老社会保险费用中列支，使其能够及时地为农村老年人提供各种养老服务。

第十五，加强农村养老服务的信息化平台建设。随着甘肃通信事业的发展，目前在每个乡村都实现了移动电话通信服务全覆盖，每个农村急停至少都有一部移动电话。首先，结合农村机构养老服务建设，在每个乡镇的养老机构建立一个服务中心，并在服务中心构建一支服务队伍，在服务中心安装几部热线电话，安排这些服务人员24小时连续轮流值班，当老年人在需要不同的养老服务项目时，可随时拨打这些热线电话，提出需要的各种相关服务项目。其次，由服务中心拨打电话给当地村组的专业化服务人员，由这些服务人员上门对老年人口需要的各种服务进行提供，当各种服务项目提供完毕后服务人员向服务中心报告养老服务的处理状况。最后，由服务中心人员对接受服务的老人进行回访，以了解养老服务的服务状况。这样，既解决了农村老年人居家养老的意愿，又提供了相应的各项养老服务。

附录 I

甘肃省城乡适龄人口
生育意愿的问卷调查

在设计本次调查问卷时，课题组成员和家住研究区域在兰州财经大学就读的在校本科生进行了深入的交流和探讨，在学生掌握相关信息的基础上，在一些学生的带领下到研究区域的一些村委会与当地村干部和社干部进行了交流。根据交流掌握的信息初步的设计了预研调查问卷，并将设计的预研调查问卷根据调查数据进行了一定补充和完善。在此基础上，正式进行问卷调查。在进行正式问卷调查前，首先向当地社干部充分地介绍了我国"全面两孩"政策制定的时代背景和实施目标，并对"全面两孩"政策与"独生子女"政策时国家的生育保险待遇和奖惩措施进行了充分的说明，即相对于过去的"独生子女"政策现行"全面两孩"政策有哪些不同和优越之处。其次由这些社干部再向村民进行充分讲解，让城乡居民基本了解了现行"全面两孩"政策对家庭与整个社会的男女性别失衡和人口年龄结构失调所起的作用。最后就"独生子女"政策时调查人口的实际生育状况和"全面两孩"政策时人们的生育意愿进行了问卷调查，并针对一些村民不清楚的问题在问卷调查时做了补充说明，让其能够根据自身的年龄、经济负担和家庭状况自愿选择。

一、社区（村组）基本状况

1. 社区（村组）多少人口，有多少户数，其中农业户有多少，专业户有多少，干部户有多少，职工家属户有多少，其他户有多少？

2. 社区（村组）人均纯收入多少元，以此为标准，较富裕户有多少，较贫困户有多少？

3. 社区（村组）劳动力有多少人，外出打工的有多少人，打工超过半年的有多少人？

4. 社区（村组）劳动力有固定工作收入的多少人，灵活就业的人员多少人？

5. 社区（村组）家中有 20~56 岁之间妇女人口户数，家中有 20~45 岁妇女人口户数？

二、家庭基本情况

1. 家庭住址_____市_____县（区）_____乡（镇）_____村（组）

2. 家庭成员基本情况

家庭成员	性别	年龄	受教育程度	职业	是否常驻	是否参加劳动

3. 家庭收入主要来源是＿＿＿＿＿

  A. 工资收入＿＿＿＿＿   B. 种植粮食＿＿＿＿＿

  C. 种植瓜果蔬菜＿＿＿＿＿   D. 养殖业＿＿＿＿＿

  E. 企业或副业＿＿＿＿＿   F. 外出打工＿＿＿＿＿

  G. 其他收入＿＿＿＿＿

三、城乡适龄人口生育意愿的问卷调查

1. 您是哪一样出生的，生日是啥时候？

2. 您家现在有几个孩子？

  A. 1 个   B. 2 个

  C. 3 个   D. 4 个

  E. 5 个及以上

3. 您家现在有几个男孩女孩？

  A. 一个男孩   B. 一个女孩

  C. 一男一女   D. 两男一女

  E. 两女一男   F. 其他＿＿＿＿＿

4. 您对现在孩子的个数和性别满意吗？

  A. 满意   B. 还可以

  C. 不满意   D. 其他＿＿＿＿＿

5. 您对现在孩子个数和性别不满意的主要原因是？

  A. 孩子太少，没有男孩   B. 孩子太少，没有女孩

  C. 没有男孩   D. 没有女孩

  E. 其他原因＿＿＿＿＿

6. 您对现在孩子个数和性别不满意，主要制约因素是？

  A. 国家政策不容许   B. 经济经济负担太重

  C. 承受不了相应的惩罚   D. 其他＿＿＿＿＿

7. 对于国家在 20 世纪 80 年代初期颁布的"独生子女"政策您能理解吗？原因是：

8. 您觉得当初国家颁布的"独生子女"政策有效果吗？

　A. 有　　　　　　　　　　　B. 没有

　C. 不清楚　　　　　　　　　D. 其他_____

9. 您觉得"独生子女"政策对家庭来说是利大于弊还是弊大于利？

　A. 利大于弊　　　　　　　　B. 弊大于利

　C. 不清楚　　　　　　　　　D. 其他_____

10. 您觉得"独生子女"政策对国家发展来说是利大于弊还是弊大于利？

　A. 利大于弊　　　　　　　　B. 弊大于利

　C. 不清楚　　　　　　　　　D. 其他_____

11. 现在国家实行一对夫妇可以生育两个孩子，您自己愿意生育吗？

　A. 愿意　　　　　　　　　　B. 不愿意

　C. 还没有想好　　　　　　　D. 其他_____

12. 您再不愿意生育孩子的原因是？

　A. 年龄太大　　　　　　　　B. 抚养孩子经济负担太重

　C. 抚养孩子太累　　　　　　D. 其他_____

13. 您家经济支出最大的项目是？

　A. 孩子教育　　　　　　　　B. 购房支出

　C. 生活费用支出　　　　　　D. 赡养老人支出

　E. 其他_____

14. 如果国家对您家的教育、购房支出和赡养老人给予一定的补助，您还愿意生育吗？

A. 愿意　　　　　　　　　　B. 不愿意
C. 看国家政策补助力度　　　D. 其他_____

15. 如果您还愿意生育孩子，那您打算生育男孩还是女孩？
A. 男孩　　　　　　　　　　B. 女孩
C. 男孩女孩都好　　　　　　D. 其他_____

16. 您觉得现在国家颁布的"全面两孩"政策有效果吗？
A. 有　　　　　　　　　　　B. 没有
C. 不清楚　　　　　　　　　D. 其他_____

17. 您觉得"全面两孩"政策对家庭来说是利大于弊还是弊大于利？
A. 利大于弊　　　　　　　　B. 弊大于利
C. 不清楚　　　　　　　　　D. 其他_____

18. 您觉得"全面两孩"政策对国家发展来说是利大于弊还是弊大于利？
A. 利大于弊　　　　　　　　B. 弊大于利
C. 不清楚　　　　　　　　　D. 其他_____

19. 现在国家实行"全面两孩"政策，您觉得及时吗？
A. 及时　　　　　　　　　　B. 还可以
C. 太迟　　　　　　　　　　D. 不清楚
E. 其他_____

20. 现在国家实行"全面两孩"政策，您为什么觉得很及时？

21. 现在国家实行"全面两孩"政策，您为什么觉得太迟？

22. 现在"全面两孩"政策实施了，你愿意生育几个孩子？
A. 1个　　　　　　　　　　B. 2个
C. 3个　　　　　　　　　　D. 4个

E. 5 个及以上

23. 您只愿意生育一个孩子的原因是?

A. 觉得一个就好　　　　　B. 抚养孩子经济负担太重

C. 抚养孩子太累　　　　　D. 其他_____

24. 您家经济支出最大的项目是?

A. 孩子教育　　　　　　　B. 购房支出

C. 生活费用支出　　　　　D. 赡养老人支出

E. 其他_____

25. 如果国家对您家的教育、购房支出和赡养老人给予一定的补助,您还愿意生育吗?

A. 愿意　　　　　　　　　B. 不愿意

C. 看国家政策补助力度　　D. 其他_____

26. 如果您还愿意生育孩子,那您打算生育男孩还是女孩?

A. 男孩　　　　　　　　　B. 女孩

C. 男孩女孩都好　　　　　D. 其他_____

27. 那您为什么打算生育男孩?

28. 那您为什么打算生育女孩?

29. 您愿意生育两个及以上孩子的原因是?

A. 多个孩子多个伴　　　　B. 多子多福

C. 喜欢孩子　　　　　　　D. 养儿防老

F. 其他_____

30. 您愿意生育两个及以上孩子会对您家的经济造成负担吗?

A. 会　　　　　　　　　　B. 不会

C. 不好估计　　　　　　　D. 其他_____

31. 如果生育两个及以上孩子对您家的经济造成负担,您打算怎么解决？

32. 您怎么样看待当初我国实行的"独生子女"政策和当前实施的"全面两孩"政策，您觉得这两项政策出台与不同时期的社会经济环境是不是有关，您理解并拥护吗？

33. 您为什么理解并拥护这两项政策，原因是？

34. 您为什么不理解并拥护这两项政策，原因是？

35. 当前大量农村劳动力向城镇转移，在农村留下大量的留守儿童，对于这些留守儿童的赡养及教育，您觉得政府应该采取什么样的对策措施？

36. 您对于今后我国的计划生育政策有什么建议，具体从哪些方面应该采取相应的措施？

附录 Ⅱ

甘肃省社会养老保险服务
需求意愿的问卷调查

在设计本次调查问卷时，课题组成员和家住研究区域在兰州财经大学就读的在校本科生进行了深入的交流和探讨，在学生掌握相关信息的基础上，在一些学生的带领下到研究区域的一些村委会与当地村干部和社干部进行了交流。根据交流掌握的信息初步的设计了预研调查问卷，并将设计的预研调查问卷根据调查数据进行了一定补充和完善，在此基础上，正式进行问卷调查。再进行正式问卷调查前，首先向当地社干部充分地介绍了当前农村社会养老服务的几种模式。然后就居家养老服务、村组养老服务、机构养老服务是一种什么样的养老服务方式，相对于现行的居家养老服务方式，可以弥补其在哪些方面的不足。由这些社干部再向村民进行充分讲解，在农民基本掌握了现行各种社会养老服务模式的基础上进行正式问卷调查。并针对一些村民不清楚的问题在问卷调查时做了充分的说明，让其能够根据自身的状况进行对社会养老服务方式和服务项目自愿选择。

一、自然村（组）基本状况

1. 全村多少人口，有多少户数，其中农业户有多少，专业户有多少，干部户有多少，职工家属户有多少，其他户有多少？

2. 全村人均纯收入多少元，以此为标准，较富裕户有多少，较贫困户有多少？

3. 全村劳动力有多少人，外出打工的有多少人，打工超过半年的有多少人？

4. 全村人均耕地有多少亩，其中水地有多少亩，旱地多少亩？

5. 全村家中有 60 岁以上老人的户数，家中有 75 岁以上老人的户数？

二、家庭基本情况

1. 家庭住址_____市_____县（区）_____乡（镇）_____村_____社

2. 家庭成员基本情况

家庭成员	性别	年龄	受教育程度	职业	是否常驻	是否参加劳动

3. 家庭收入主要来源是_____

A. 工资收入_____　　　　B. 种植粮食_____

C. 种植瓜果蔬菜_____　　　　D. 养殖业_____

E. 企业或副业_____　　　　F. 外出打工_____

G 其他_____

三、老年人选择社会养老服务方式和服务项目的需求意愿

1. 您对现在的养老服务方式满意吗？

A. 满意　　　　　　　　　　B. 还可以

C. 不满意

2. 您为什么对当前的养老服务方式感到满意？

A. 子女或配偶能够在自己出现生活问题时能及时照料

B. 习惯了现在的生活方式，不想离开

C. 自己不适应现在的机构养老方式

D. 其他原因_____

3. 您为什么对当前的养老服务方式感到不满意？

A. 子女和配偶在遇到各种问题时无法及时照料

B. 村里同龄人越来越少，配偶缺失，想换一种生活方式安度晚年

C. 机构养老能使自己生活起居方面放心

D. 其他原因_____

4. 相对于传统居家养老，你更喜欢哪一种社会养老服务方式？

A. 居家养老服务　　　　　　B. 社区养老服务

C. 机构养老服务　　　　　　D. 其他养老服务

5. 那您为什么喜欢社会养老服务中的居家养老服务？原因是：

6. 那您为什么喜欢社会养老服务中的社区养老服务？原因是：

7. 那您为什么喜欢社会养老服务中的机构养老服务？原因是：

8. 那您为什么不喜欢社会养老服务中的几种养老服务？原

因是？您更喜欢享受哪种养老服务方式？

9. 在养老服务项目上，您觉得什么样的服务项目很重要？

A. 生活照料 　　　　　　　B. 医疗护理

C. 临终照料 　　　　　　　D. 文化娱乐

E. 精神慰藉 　　　　　　　F. 其他_____

10. 您为什么喜欢社会养老服务项目中的生活照料？原因是：

11. 您为什么喜欢社会养老服务项目中的医疗护理？原因是：

12. 您为什么喜欢社会养老服务项目中的临终照料？原因是：

13. 您为什么喜欢社会养老服务项目中的文化娱乐？原因是：

14. 您为什么喜欢社会养老服务项目中的精神慰藉？原因是：

15. 您为什么不喜欢社会养老服务项目中的各种项目？原因是：

16. 您觉得甘肃省即将实行的几种社会养老服务方式能够有效的贯彻吗？

A. 能够 　　　　　　　　　B. 不能够

C. 说不上 　　　　　　　　D. 其他_____

17. 您为什么觉得当前的几种社会养老服务方式能够有效落实？原因是：

18. 您为什么觉得当前的几种社会养老服务方式不能够有效落实？原因是：

19. 您为什么觉得当前的几种社会养老服务方式不一定能够有效落实？原因是：

20. 您为什么觉得当前的几种社会养老服务项目能够有效落实？

A. 能够 　　　　　　　　　B. 不能够

C. 有的可以，有的落实不了 　D. 其他_____

21. 您为什么觉得当前的几种社会养老服务项目能够有效落实？原因是：

22. 您为什么觉得当前的几种社会养老服务项目不能够有效落实？原因是：

23. 您为什么觉得当前的几种社会养老服务项目不一定能够有效落实？原因是：

24. 如果当前甘肃省实施的几种社会养老服务方式和每种服务方式的服务项目能够有效落实，您认为对当前的老年人养老是利大于弊还是弊大于利？

    A. 利大于弊   B. 弊大于利

    C. 差不多   D. 说不上

25. 您为什么觉得会利大于弊？原因是：

26. 您为什么觉得会弊大于利？原因是：

27. 您为什么觉得会差不多？原因是：

28. 您为什么觉得会说不上？原因是：

29. 对于当前甘肃省农村人口向城镇转移，在农村留下大量的老年人，尤其是孤寡老人，对于他们的养老方式，您觉得政府应该采取什么样的对策措施？

30. 针对老年人养老服务项目的严重缺失，您觉得政府应该采取什么样的对策措施才能够使他们安度晚年？

参 考 文 献

［1］朝阳，申曙光．城镇养老保险制度改革方向：基金积累制抑或名义账户制［J］．学术月刊，2011（6）：86－93．

［2］陈迅，韩林和，杨守鸿．基本养老保险基金平衡测算及平衡状态分析［J］．中国人口科学，2005（S1）：135－139．

［3］邓大松，李琳．中国社会养老保险的替代率及其敏感性分析［J］．武汉大学学报：哲学社会科学版，2009（1）：97－105．

［4］丁建定，张尧．养老保险城乡统筹：有利条件、理性原则与完善对策机［J］．苏州大学学报：哲学社会科学版，2014（5）：11－16．

［5］封进，何立新．中国养老保险制度改革的政策选择——老龄化，城市化，全球化的视角［J］．社会保障研究，2012（3）：29－41．

［6］傅新平，邹敏，周春华等．新政策下养老保险基金收支平衡影响因素分析［J］．武汉理工大学学报：社会科学版，2007（2）：150－154．

［7］韩伟．中国统筹养老金缴费率优化研究［J］．经济问题，2010（5）：120－122．

［8］贺书霞．农民社会养老意愿和缴费能力分析——基于陕西省关中地区的调查［J］．西北人口，2012（2）：63－67．

［9］黄阳涛．城镇职工基本养老保险实际缴费基数测算分析

基于 13 个省、直辖市、自治区 2001 - 2011 年面板数据 [J]. 社会福利（理论版），2013（9）：18 - 21.

[10] 姜岩，张学军. 养老保险制度改革与政府预算管理研究 [J]. 保险研究，2013（2）：120 - 127.

[11] 康传坤，楚天舒. 人口老龄化与最优养老金缴费率 [J]. 世界经济，2014（4）：139 - 160.

[12] 李稻葵，刘霖林，王红领. GDP 中劳动份额演变的 U 型规律 [J]. 经济研究，2009（1）：25 - 29.

[13] 李顺明，杨清源. 构建和谐社会进程中社会保险关系接续转移问题研究 [J]. 社会保障研究，2008（1）：29 - 35.

[14] 林宝. 人口老龄化对企业职工基本养老保险制度的影响 [J]. 中国人口科学，2010（1）：84 - 92.

[15] 林毓铭. 体制改革：从养老保险省级统筹到基础养老金全国统筹 [J]. 经济学家，2013（12）：59 - 63.

[16] 刘儒婷. 人口老龄化背景下中国城镇养老金支付能力研究 [D]. 大连：东北财经大学，2012（5）：3 - 6.

[17] 刘同昌. 人口老龄化背景下建立城乡一体的养老保险制度的探索 [J]. 山东社会科学，2008（1）：35 - 38.

[18] 柳清瑞，王虎邦，苗红军. 城镇企业基本养老保险缴费率优化路径分析 [J]. 辽宁大学学报：哲学社会科学版，2013（6）：99 - 107.

[19] 柳清瑞. 东北老工业基地统筹城乡社会保障制度研究 [M]. 北京：经济科学出版社，2011.

[20] 卢海元. 中国特色新型养老保险制度的重大突破与政策取向 [J]. 社会保障研究，2009（6）：3 - 17.

[21] 目江林，周滑兵，王清生. 我国基本养老保险体系中个人账户余额发放方式合理化探讨 [J]. 数量经济技术经济研

究，2005，22（4）：92－99.

[22] 米红，余蒙. 中国城镇社会养老保险个人缴费能力测定的模型创新［J］. 统计与决策，2010（11）：35－41.

[23] 穆怀中，陈曦，李栗. 收入非均等贫困指数及其社会秩序风险测度研究［J］. 中国人口科学，2014（4）：14－26.

[24] 穆怀中，陈曦. 城乡养老保险梯度协调系数及其福利改进效应研究［J］. 经济学家，2014（9）：38－43.

[25] 穆怀中，陈曦. 人口老龄化背景下农村家庭子女养老向社会养老转变路径及过程分析［J］. 人口与发展，2015（1）：12－19.

[26] 穆怀中，卞梓楠. 产业层次的初次分配福利系数研究［J］. 中国人口科学，2011（3）：51－58.

[27] 穆杯中，沈毅. 中国农民养老生命周期补偿理论及补偿水平研究［J］. 中国人口科学，2012（2）：2－13.

[28] 穆怀中，沈毅著. 中国农村养老保险体系框架与适度水平［M］. 北京：社会科学文献出版社，2015.

[29] 穆怀中，罔琳琳，张文晓. 养老保险统筹层次收入再分配系数及全国统筹类型研究［J］. 数量经济技术经济研究，2014（4）：2－11.

[30] 王国辉，黄镜伊，王利军等. 城镇中低收入家庭养老保险缴费压力研究［J］. 人口与经济，2011（6）：78－85.

[31] 吴红梅. 整体性治理视野下中国社会养老保险政策"碎片化"的体制选择［J］. 社会保障研究，2013（5）：46－54.

[32] 席恒，梁木. 基本养老保险全国统筹可能性分析［J］. 社会保障研究，2009（1）：3－9.

[33] 许志涛，丁少群. 各地区不同所有制企业社会保险缴费能力比较研究［J］. 保险研究，2014（4）：102－109.

[34] 叶宁. 城镇职工基本养老保险扩大覆盖面的难点探究——基于灵活就业者缴费能力生命表的分析 [J]. 中南财经政法大学学报, 2013 (5): 83 - 90.

[35] 张杰, 陈志远. 中国制造业部口劳动报酬比重的下降及其动因分析 [J]. 中国工业经济, 2012 (5): 22 - 37.

[36] 张金峰. 基于平均余命的中国养老金个人账户缴费率研究 [J]. 人口与经济, 2015 (3): 28 - 37.

[37] 张士斌. 工业化过程中劳动报酬比重变动的国际比较 [J]. 经济社会体制比较, 2012 (6): 53 - 59.

[38] 章上峰, 许冰. 初次分配中劳动报酬比重测算方法研究 [J]. 统计研究, 2010 (8): 25 - 31.

[39] 郑秉文, 孙永勇. 对中国城镇职工基本养老保险现状的反思——半数省化收不抵支的本质、成因与对策 [J]. 上海大学学报: 社会科学版, 2012, 29 (3): 1 - 16.

[40] 郑功成. 从城乡分割走向城乡一体化: 中国社会保障制度变革挑战 [J]. 人民论坛, 2014 (1): 66 - 69.

[41] 郑功成. 尽快推进城镇职工基本养老保险全国统筹 [J]. 经济纵横, 2010 (9): 12 - 22.

[42] 彭浩然, 肖敏慧, 徐政. 我国城乡养老保险制度衔接研究——基于参保人权益保护的视角 [J]. 保险研究, 2013 (11): 105 - 111.

[43] 田雪原. 体制创新: 中国养老保险改革的必由之路 [J]. 人口与经济, 2014 (2): 106 - 113.

[44] 褚福灵. 职工基本养老保险关系转移现状的思考 [J]. 社会保障研究, 2013 (1): 3 - 5.

[45] 中国经济网. 养老金需要什么样的顶层设计, 如何"并轨" [I]. 中国经济网网站, 2013 - 08 - 27.

［46］郑秉文 . 提高养老保险统筹层次化解多重风险［N］.
经济参考报，2013 - 07 - 05.

［47］郑功成 . 养老并轨如何消减改革阵痛［N］. 人民日
报，2014 - 01 - 08.

［48］侯文若，孔径源 . 社会保险学［M］. 北京：中国人民
大学出版社，2008.

［49］穆怀中 . 社会保障国际比较［M］. 北京：中国劳动社
会科学出版社，2014.

［50］龚刚，杨光论 . 工资性收入占国民收入比例的演变
［J］. 管理世界，2010（5）：52 - 53.

［51］罗长远，张军 . 经济发展中的劳动收入占比：基于中国
产业数据的实证研究［J］. 中国社会科学，2009（4）：65 - 80.

［52］柏正杰 . 新型农村社会养老保险优化设计研究［J］.
经济管理，2012（2）：166 - 174.

［53］王亚柯 . 基于精算估计方法的养老保险再分配效应研
究［J］. 中国软科学，2011（5）：154 - 162.

［54］贾宁，袁建华 . 基于精算模型的"新农保"个人账户
替代率研究［J］. 中国人口科学，2010（3）：95 - 103.

［55］郑功成 . 对延迟退休年龄的基本认识［C］. 光明日
报，2012 - 9 - 12.

［56］袁中美延迟退休与养老金替代率的探讨［J］. 人口与
经济，2013（1）：101 - 106.

［57］王海东 . 我国退休年龄政策及其对个人账户替代率的
影响研究［J］. 保险研究，2013（5）：82 - 93.

［58］李实，杨穗 . 养老金收入与收入不平等对老年人健康
的影响［J］. 中国人口科学，2011（3）：26 - 34.

［59］蒋雪峰 . 养老保险支出水平的适度性研究——基于我

国代表地区的实证分析 [D]. 大连：东北财经大学，2008（5）：61－65.

[60] 张海川，郑军. 2001－2009：我国农村养老保障适度水平研究 [J]. 保险研究，2011（7）：52－58.

[61] 陈程，李正龙. 上海养老金支出的适度水平及负担状况分析 [J]. 劳动保障世界，2011（8）：16－20.

[62] 胡妍妍. 江苏省新型农村社会养老保险适度水平研究 [D]. 南京：南京财经大学，2013（5）：39－40.

[63] 柳清瑞，于婷婷. 中国失业保险支出水平的测度模型与实证分析 [J]. 社会保障研究，2009（1）：22.

[64] 王振军. 我国退休年龄延迟设计研究 [J]. 西北人口，2014（5）：29－34.

[65] 国家统计局：2015 年我国国民经济和社会发展统计公报 [R]. 国家统计局网站，2016－2－26.

[66] 国家统计局，中华人民共和国国家统计局关于修订 2016 年国内生产总值数据的公告 [R]. 国家统计局网站，2017－2－28.

[67] 社会保障司，2013 年全国社会保险基金决算分析报告 [R]. 中国报告大厅网站，2014－10－10.

[68] 邱玉慧. 代际正义视角下的社会养老保险制度研究——兼中国城镇职工基本养老保险制度的实证分析 [D]. 长春：吉林大学，2013（6）：132－136.

[69] 王鹏. 中国城乡居民社会养老保险制度模式识别、目标优化和政策路径选择研究 [D]. 杭州：浙江大学，2013（6）：147－153.

[70] 中国社会科学院. 中国养老金发展报告（2014）[R]. 北京：中共十八届三中全会的理论突破与名义账户研讨会，2014－12－28.

[71] 陈曦. 城乡基础养老保险一元化缴费率研究 [D]. 沈阳: 辽宁大学, 2015 (6): 3 - 9.

[72] 王国新, 向雪. 人口老龄化进程中我国养老保险制度存在的问题及对策研究 [J]. 新疆社会科学, 2015 (2): 134 - 140.

[73] 魏文斌, 李永根. 社会养老服务体系的模式构建及其实现路径 [J]. 苏州大学学报, 2013 (2): 48 - 52.

[74] 李长远, 张举国. 养老服务本土化中政府责任的偏差及调整 [J]. 人口与发展, 2013 (6): 84 - 89.

[75] 黄俊辉, 李放. 农村社会养老服务需求评估——基于江苏 1051 名农村老人的问卷调查 [J]. 中国农村观察, 2014 (4): 29 - 42.

[76] 王明霞. 甘肃省老年服务体系发展研究 [J]. 西北人口, 2014 (5): 114 - 118.

[77] 狄金华, 季子力. 村落视野下的农民机构养老意愿研究——基于鄂、川、赣三省抽样调查的实证分析 [J]. 南方人口, 2014 (1): 69 - 80.

[78] 张娜, 苏群. 农村老年人居住意愿与社会养老服务体系构建研究 [J]. 南京农业大学学报 (社会科学版), 2014 (6): 62 - 69.

[79] 张艳. 快速老龄化背景下苏州市社区养老服务体系建设研究——以沧浪区 "邻里情" 虚拟养老院为例 [J]. 社会保障研究, 2010 (5): 30 - 35.

[80] 张云英, 刘艳斌. 农村社会化养老服务组织及其体系研究述评 [J]. 湖南农业大学学报 (社会科学版), 2014 (1): 53 - 57.

[81] 肖云, 陈涛. 老龄背景下民营养老机构护理人员队

伍的优化［J］. 四川理工学院学报（社会科学版），2013（4）：29－33.

［82］王莉莉. 基于"服务链"理论的居家养老服务需求、供给与利用研究［J］. 人口学刊，2013（2）：35－41.

［83］国家卫生计生委. 现在社会抚养负担较轻全面两孩出台适宜［I］. 中国政府网，2016－01－11.

［84］王军，王广州. 中国低生育水平下的生育意愿与生育行为差异研究［J］. 人口学刊，2016（2）：5－17.

［85］陈宁. 全面二孩政策实施对我国人口老龄化的影响研究［J］. 华中科技大学学报（社会科学版），2017（2）：96－103.

［86］钟晓华."全面二孩"政策实施效果的评价与优化策略——基于城市"双非夫妇"再生育意愿的调查［J］. 中国行政管理，2016（7）：127－131.

［87］宋亚旭，于凌云. 我国生育意愿及其影响因素研究综述：1980－2015［J］. 西北人口，2017（1）：12－18.

［88］孟令国，李博，陈莉."全面两孩"政策对人口增量及人口老龄化的影响［J］. 广东财经大学学报，2016（1）：26－35.

［89］姜玉，庄亚儿. 生育政策调整对生育意愿影响研究——基于2015年追踪调查数据的发现［J］. 西北人口，2017（3）：33－38.

［90］庄亚儿，姜玉等. 当前我国城乡居民的生育意愿——基于2013年全国生育意愿调查［J］. 人口研究，2014（3）：3－13.

［91］贾志科，吕红平. 论出生性别比失衡背后的生育意愿变迁［J］. 人口学刊，2012（4）：34－45.

［92］刘家强，唐代盛."普遍两孩"生育政策的调整依据、政策效应和实施策略［J］. 人口研究，2015（6）：3－12.

［93］王天宇，彭晓博．社会保障对生育意愿的影响：来自新型农村合作医疗的证据［J］．经济研究，2015（2）：103 – 117.

［94］郑真真．生育意愿的测量与应用［J］．中国人口科学，2014（6）：15 – 25.

［95］国家统计局．第六次全国人口普查主要数据公报［R］．国家统计局网站．

［96］郑秉文，孙永勇．对中国城镇职工基本养老保险现状的反思——我国半数省份收不抵支的本质、成因与对策［J］．上海大学学报（社会科学版），2012（3）：1 – 16.

［97］郑功成．对延迟退休年龄的基本认识［N］．光明日报，2012 – 9 – 12.

［98］侯文若，孔径源．社会保险学［M］．北京：中国人民大学出版社，2012.

［99］郑秉文．欧债危机下的养老金制度改革——从福利国家到高债国家的教训［J］．中国人口科学，2011（5）：2 – 15.

［100］国家统计局．中国 2013 年国民经济与社会发展统计公报［R］．国家统计局网站．

［101］孟令国，李超令．我国二次人口红利的困境摆脱与现实愿景［J］．改革，2013（1）：149 – 157.

［102］蔡昉．中国的人口红利还能持续多久［J］．经济学动态，2011（6）：3 – 7.

［103］梁颖，高文力，谢芳．金砖国家经济发展潜力比较分析——基于人力资源和城市化的视角［J］．西北人口，2014（3）：10 – 17.

［104］许庆明，胡晨光．中国沿海发达地区的城市化与工业化进程研究——基于转型升级与国际比较的视角［J］．中国人口

科学，2012（5）：14 - 23.

[105] 褚福灵. 退休年龄决定机制探讨 ［C］. 第九届社会保障国际论坛会议论文集，2013：25 - 26.

[106] 李付俊，孟续铎，张超. 延迟退休的影响效果分析 ［J］. 西北人口，2014（2）：17 - 21.

[107] 王晓洁，王丽. 财政分权、城镇化与城乡居民养老保险全覆盖——基于中国 2009 - 2012 年省级面板数据的分析 ［J］. 财贸经济，2015（11）：75 - 87.

[108] 张丹，胡晗. 城乡居民养老保险个人账户超支额测算 ［J］. 西安交通大学学报（社会科学版），2015（3）：104 - 108.

[109] 刘海英. 城乡居民基本养老保险的财政激励机制研究——基于效率与公平双重价值目标的考量 ［J］. 兰州学刊，2016（2）：144 - 152.

[110] 穆怀中，张文晓. 农民基础养老金地区差异及给付适度水平研究 ［J］. 西北人口，2014（2）：98 - 104.

[111] 国家统计局. 2015 年中国国民经济与社会发展统计公报 ［R］. 国家统计局网站，2016 - 2 - 29.

[112] 郑秉文. 欧债危机下的养老金制度改革—从福利国家到高债国家的教训 ［J］. 中国人口科学，2011（5）：2 - 15.

[113] 王海东. 我国退休年龄政策及其对个人账户替代率的影响研究 ［J］. 保险研究，2013（5）：82 - 93.

[114] 国家统计局. 第五次全国人口普查主要数据公报（第 1 号）［R］. 国家统计局网站，2001 - 5 - 15.

[115] 景鹏，胡秋明. 企业职工基本养老保险统筹账户缴费率潜在下调空间研究 ［J］. 中国人口科学，2017（1）：21 - 34.

[116] 国家统计局. 第六次全国人口普查主要数据公报（第 1 号）［R］. 国家统计局网站，2011 - 4 - 28.

［117］财政部．关于 2015 年中央和地方预算执行情况与 2016 年中央和地方预算草案的报告［R］．财政部网站，2016 - 3 - 19.

［118］穆怀中．社会保障国际比较［M］．北京：中国劳动社会科学出版社（第三版），2014.

［119］白重恩．中国养老保险缴费对消费和储蓄的影响［J］．中国社会科学，2012（8）：15 - 23.

［120］封进．中国城镇职工社会保险制度的参与激励［J］．经济研究，2013（7）：86 - 97.

［121］封进．社会保险对工资的影响——基于人力资本差异的视角［J］．金融研究，2014（7）：12 - 24.

［122］康传坤，楚天舒．人口老龄化与最优养老金缴费率［J］．世界经济，2014（4）：35 - 47.

［123］路锦非．合理降低我国城镇职工基本养老保险缴费率的研究——基于制度赡养率的测算［J］．公共管理学报，2016（1）：99 - 112.

［124］马双等．养老保险企业缴费对员工工资、就业的影响分析［J］．经济学（季刊）2014（3）：45 - 58.

［125］穆怀中．基础养老保险缴费率膨胀系数研究［J］．经济理论与经济管理，2015（12）：88 - 96.

［126］彭浩然，陈斌开．鱼和熊掌能否兼得：养老金危机的代际冲突研究［J］．世界经济，2012（2）：11 - 17.

［127］田月红，赵湘莲．人口老龄化、延迟退休与基础养老金财务可持续性研究［J］．人口与经济，2016（1）：66 - 81.

［128］杨一心，何文炯．养老保险缴费年限增加能够有效改善基金状况吗？——基于现行制度的代际赡养和同代自养之精算分析［J］．人口研究，2016（3）：23 - 37.

［129］袁磊．延迟退休能解决养老保险资金缺口问题

吗？——72 种假设下三种延迟方案的模拟 [J]. 人口与经济，2014 (4)：112 - 121.

[130] 阳义南，申曙光. 通货膨胀与工资增长：调整我国基本养老金的新思路与系统方案 [J]. 保险研究，2012 (8)：85 - 90.

[131] 郑秉文. 供给侧：降费对社会保险结构性改革的意义 [J]. 中国人口科学，2016 (3)：41 - 50.

[132] 赵静. 社会保险缴费率、参保概率与缴费水平——对职工和企业逃避费行为的经验研究 [J]. 经济学（季刊），2016 (1)：66 - 73.

[133] 胡鞍钢. 人口老龄化、人口增长与经济增长——来自中国省际面板数据的实证证据 [J]. 人口研究，2012 (3)：77 - 91.

[134] 王德文. 人口转变的储蓄效应和增长效应——论中国增长可持续性的人口因素 [J]. 人口研究，2004 (5)：89 - 95.

[135] 王德文. 人口低生育率阶段的劳动力供求变化与中国经济增长 [J]. 中国人口科学，2007 (1)：12 - 26.

[136] 王金营，杨磊. 中国人口转变、人口红利与经济增长的实证 [J]. 人口学刊，2010 (5)：85 - 93.

[137] Bloom, D. E. and J. G. Williamson, Demographic Transitions and Economic Miracles in Emerging Asia. World Bank Economic Review. 1998, 12 (3)：419 - 455.

[138] Bloom, D. E., D. Canning and J. Sevilla, The Demographic Dividend：A New Perspective on the EconomicConsequences of Population Change. Foreign Affairs. 2003, 82 (3)：148 - 149.

[139] Bloom, D. E., D. Canning, R. K. Mansfield and M. Moore, Demographic Change, Social Security Systemsand Savings. Journal of Monetary Economics, 2007 (26)：257 - 290.

［140］Bloom，D. E.，D. Canning and G. Fink，Implications of Population Aging for Economic Growth. PGDA Working Paper. 2011，No. 64.

［141］艾慧. 中国养老保险统筹账户的财务可持续性研究——基于开放系统的测算［J］. 财经研究，2012（2）：52 – 66.

［142］何文炯. 职工基本养老保险待遇调整效应分析［J］. 中国人口科学，2012（3）：33 – 45.

［143］蒋云赟. 我国企业基本养老保险的代际平衡分析［J］. 世界经济文汇，2009（1）：111 – 117.

［144］林宝. 人口老龄化对企业职工基本养老保险制度的影响［J］. 中国人口科学，2010（1）：91 – 98.

［145］刘学良. 中国养老保险的收支缺口和可持续性研究［J］. 中国工业经济，2014（9）：67 – 79.

［146］路锦非. 合理降低我国城镇职工基本养老保险缴费率的研究——基于制度赡养率的测算［J］. 公共管理学报，2016（1）：83 – 95.

［147］孙永勇，李娓涵. 从费率看城镇职工基本养老保险制度改革［J］. 中国人口科学，2014（5）：41 – 49.

［148］王晓军，米海杰. 养老金支付缺口：口径、方法与测算分析［J］. 数量经济技术经济研究，2013（10）：1 – 8.

［149］杨俊. 职工基本养老保险制度财务影响因素研究——以全国统筹背景下的社会统筹制度为对象［J］. 中国人民大学学报，2015（3）：12 – 20.

［150］杨一心，何文炯. 养老保险参而不缴及其基金效应［J］. 中国人口科学，2015（6）：45 – 62.

［151］郑秉文. 供给侧：降费对社会保险结构性改革的意义［J］. 中国人口科学，2016（3）：34 – 46.

[152] Bongaarts J., Population Aging and the Rising Cost of Public Pensions. Population and Development Review, 2004, 30 (1): 1 –23.

[153] Lacomba J. A. and Lagos F., Postponing the Legal Retirement Age. SERIEs, 2010 (3): 357 –369.

[154] 王增文. 社会保障收入对老年人护理服务利用率的影响 [J]. 中国人口科学, 2017 (3): 70 –81.

[155] 梁同贵. 乡城流动人口与农村本地人口的生育水平差异 [J]. 中国人口科学, 2017 (3): 91 –101.

[156] 陈卫, 吴丽丽. 中国人口迁移与生育率关系研究 [J]. 人口研究, 2006 (1): 66 –73.

[157] 郭志刚. 流动人口对当前生育水平的影响 [J]. 人口研究, 2010 (1): 9 –16.

[158] 郭志刚. 中国人口生育水平低在何处——基于六普数据的分析 [J]. 中国人口科学, 2013 (2): 15 –24.

[159] 李丁, 郭志刚. 中国流动人口的生育水平——基于全国流动人口动态监测调查数据的分析 [J]. 中国人口科学, 2014 (3): 44 –53.

[160] 周皓. 人口流动对生育水平的影响: 基于选择性的分析 [J]. 人口研究, 2015 (1): 83 –88.

[161] Andersson G. Childbearing after Migration: Fertility Patterns of Foreign-born Women in Sweden. The International Migration Review. 2004, 38 (2): 747 –774.

[162] Goldstein, A., M. White and S. Goldstein, Migration, Fertility, and State Policy in Hubei Province, China. Demography. 1997, 34 (4): 481 –491.

[163] Robards J., Berrington A., The Fertility of Recent Mi-

grants to England and Wales. Demographic Research, 2016, (34): 1037 – 1052.

[164] Sobotka, T. Overview Chapter 7: The Rising Importance of Migrants for Childbearing in Europe. Demographic Research, 2008, 19 (9): 225 – 248.

[165] 曹信邦, 陈强. 中国长期护理保险需求影响因素分析 [J]. 中国人口科学, 2014 (4): 13 – 22.

[166] 胡宏伟. 中国老年长期护理服务需求评估与预测 [J]. 中国人口科学, 2015 (3): 66 – 75.

[167] 刘柏惠, 寇恩惠. 社会化养老趋势下社会照料与家庭照料的关系 [J]. 人口与经济, 2015 (1): 15 – 21.

[168] 王乐芝, 曾水英. 关于失能老人状况与老年长期护理保险的研究综述 [J]. 人口学刊, 2015 (4): 76 – 86.

[169] 张娜, 苏群. 养老保险与中国老年人的家庭照料 [J]. 广西民族大学学报 (哲学社会科学版)》, 2014 (4): 88 – 95.

[170] Alemayehu B. and Warner K. E. The Lifetime Distribution of Health Care Costs. Health Services Research, 2004, 39 (3): 627 – 642.

[171] Beach H. M., Boadway R. W. and Gibbons, J. O. Social Security and Aggregate Capital Accumulation Revisited: Dynamic Simultaneous Estimates in a Wealth-generation Model. Economic Inquiry, 1984, 22 (1): 68 – 79.

[172] Bengtson V. L. Beyond the Nuclear Family: The Increasing Importance of Multigenerational Bonds. Jour-nal of Marriage and Family, 2001, 63 (1): 1 – 16.

[173] Engelhardt G., Gruber J. and Perry C. Social Security and Elderly Living Arrangements: Evidence from the Social Security

Notch. Journal of Human Resources, 2005, 40 (2): 354 - 372.

[174] Goda G. S. , Golberstein E. and Grabowski D. C. Income and the Utilization of Long-term Care Services: Evidence from the Social Security Benefit Notch. Journal of Health Economics, 2011, 30 (4): 719 - 729.

[175] Grossmam M. On the Concept of Health Capital and the Demand for Health. Journal of Political Economy, 1972, 80 (2): 223 - 255.

[176] Hyuncheol B. K. and Wilfredo L. Long-term Care Insurance, Informal Care, and Medical Expenditures. Journal of Public Economics, 2015, 125 (6): 128 - 142.

[177] Lieslot M. and Chris G. Older Residents' Perspectives on Aged Sexuality in Institutionalized Elderly Care: A Systematic Literature Review. International Journal of Nursing Studies, 2015, 52 (12): 1891 - 1905.

[178] Paolo S. , Andrea R. and Øystein S. Design for Social Media Engagement: Insights from Elderly Care Assistance. The Journal of Strategic Information Systems, 2015, 24 (2): 128 - 145.

[179] Pezzin L. , Kemper P. and Reschovsky J. Does Publicly Provided Home Care Substitute for Family Care? Experimental Evidence with Endogenous Living Arrangements. Journal of Human Resource, 1996, 31 (3): 650 - 676.

[180] Terza J. V. , Basu A. and Rathouz P. J. Two-stage Residual Inclusion Estimation: Addressing Endogeneity in Health Econometric Modeling. Journal of Health Economics, 2008, 27 (4): 531 - 543.

[181] Tsai Y. P. Social Security Income and the Utilization of

Home Care: Evidence from the Social Securitynotch. Journal of Health Economics, 2015, 43 (2): 45 – 55.

[182] Wolf D. A., Freedman V. and Soldo B. J. The Division of Family Labor: Care for Elderly Parents. Journalsof Gerontology, 1997, 52 (3): 102 – 109.

[183] 杨利春, 陈远. 建设生育友好型社会是中国人口发展的战略选择 [J]. 中国人口科学, 2017 (4): 121 – 125.

[184] 陈曦. 养老保险降费率、基金收入与长期收支平衡 [J]. 中国人口科学, 2017 (3): 55 – 70.

[185] 王桂新, 干一慧. 中国的人口老龄化与区域经济增长 [J]. 中国人口科学, 2017 (3): 30 – 44.